文人的骨气和底气

王家声等◆主编

张东荪 张澜 闻一多 司徒雷登 胡绳 鲁迅 梁启超 晏阳初 蔡元培 陈独秀 熊希龄 陈序经 马寅初 潘光旦 钱学森 容庚 胡先骕 冰心 张竞生 梁漱溟 罗隆基 罗家伦 邵飘萍 叶恭绰 蒋梦麟 竺可桢

世界知识出版社

图书在版编目(CIP)数据

文人的骨气和底气 / 王家声等主编. —北京：世界知识出版社，2011.6

ISBN 978-7-5012-4048-7

Ⅰ.①文… Ⅱ.①王… Ⅲ.①文化—名人—生平事迹—中国—民国 Ⅳ.①K825.4

中国版本图书馆CIP数据核字（2011）第043059号

责任编辑	胡孝文　张　萱
责任出版	刘　喆
责任校对	马莉娜

书　　名	**文人的骨气和底气** Wenren De Guqi He Diqi
作　　者	王家声等　主编
出版发行	世界知识出版社
地址邮编	北京市东城区干面胡同51号（100010）
网　　址	www.wap1934.com
印　　刷	世界知识印刷厂
经　　销	新华书店
开本印张	980×680毫米　1/16　15印张
字　　数	200千字
版次印次	2011年6月第一版　2011年6月第一次印刷
标准书号	ISBN 978-7-5012-4048-7
定　　价	28.00元

目 录

蔡元培是真正的学界泰斗，受到举世景仰是名至实归，鲁迅始终尊敬这位同乡前辈。从51岁出任北大校长到61岁最后卸任，蔡元培在任一共10年，但实际上在校时间不足5年，期间他曾七辞北大校长而不准。我们先看看这张辞职表：

第一次辞北大校长职1917年7月3日；第二次辞北大校长职1918年5月21日；第三次辞北大校长职1919年5月8日；第四次辞北大校长职1919年12月31日；第五次辞北大校长职1922年10月19日；第六次辞北大校长职1923年1月17日；第七次辞北大校长职1926年7月8日。

陈独秀对国民党素无好感，共产国际要中共集体加入国民党，他抱有很大的抵触情绪，认为这种做法无异于“在粪缸中洗澡”，只会沾上一身污秽。他曾创作《国民党四字经》，彻底剥掉了国民党的党皮：

党外无党，帝王思想；党内无派，千奇百怪。
以党治国，放屁胡说；党化教育，专制余毒。
三民主义，胡说道地；五权宪法，夹七夹八。
建国大纲，官样文章；清党反共，革命送终。
军政时期，官僚运气；宪政时期，遥遥无期。
忠实党员，只要洋钱；恭读遗嘱，阿弥陀佛。

新科举人于府衙赏花，吟诗作画，有画牡丹者，有画荷者，有画菊者，熊希龄则画了一株棉花。画史

"'为往圣继绝学，为来世开太平'，此正是我一生的使命。《人心与人生》等三本书要写成，我乃可以死得；现在则不能死。又今后的中国大局以至建国工作，亦正需要我；我不能死。我若死，天地将为之变色，历史将为之改辙，那是不可想象的，万不会有的事！"

叶恭绰此前"被错划为'右派分子'"，已停止了全国政协常委和代理中央文史研究馆馆长的职务，直到1959年"摘帽"。让人产生兴趣的是：叶在这次家宴上会有什么话要说呢？或者毛泽东会对他说些什么话呢？这些，我们全都不知道。只知那天席间，叶恭绰为毛泽东七十诞辰撰写了一首长诗，从领袖的文治武功到畅游长江，当然是出口成章的。据吴开斌回忆，这一首长诗，罗翼群阅后，称"乃圣乃贤，乃文乃武"。据张中行的《负暄琐话》：叶恭绰其人，"最大的特点是有才；才的附带物是不甘寂寞；稀有的经历深深地印在言谈举止中，具体说是，文气古气之中还带有时多时少的官气"。

张东荪在燕大礼堂作了著名的《老鼠与花瓶》的演讲："北平是个花瓶，傅作义是瓶子里的老鼠。老鼠是可恶的，人人都想消灭它，但它却躲在一个精美的花瓶中；既要消灭老鼠，又要不打碎花瓶，就不得不

人间已无梁任公

王开林

1873年，梁启超出生于广东省新会县熊子乡茶坑村。小时候，梁启超常于静夜躺在卧榻上听祖父娓娓讲述古代豪杰、忠臣、志士、哲人的嘉言懿行，其中印象最深的便是“宋末三杰”之一的陆秀夫身背幼帝赵昺在厓山跳海殉国的悲壮史事。厓山位于新会县南部，离茶坑村不远，梁启超多次到过那里的三忠祠。“海水有门分上下，江山无界限华夷。”前人这两句诗铭刻在他的心中。

科举路上的顺与不顺

梁家名为耕读之家，田产却并不多，仅够糊口而已。梁启超父亲梁莲涧是一位不甘心受穷的穷秀才，他曾专程跑到日本，向梁启超索款购置产业。梁启超当时经济拮据，无法应付，梁莲涧便以自杀相要挟，最终由梁启超的弟子们解囊相助，集资1200块银元，让梁莲涧欢天喜地满载而归。梁启超平生不爱置田产，他曾开玩笑说：“假若十块钱买一亩田，或十块钱买一只鸡，我宁愿吃鸡不买田。”可见他根本瞧不起那些一门心思买田修屋的土财主。

梁启超才华早秀，堪称神童。对对子，人出上联“东篱客赏陶潜菊”，他脱口即能对出“南国人思召伯棠”；吟诗、写八股文，同样不在话下。别人在科举路上跌跌撞撞，梁启超却走得很顺，13

梁启超像

岁成秀才，17岁成举人，只是在会试时莫名其妙地栽了个大跟头。据胡思敬《国闻备乘》所记：主持乙未（1895年）科会试的主考官是大学士徐桐，副主考则为启秀、李文田、唐景崇三人。“文田得启超卷，不知谁何，欲拔之而额已满。乃邀景崇共诣桐，求以公额处之。”也就是说，还有一些机动名额由徐桐灵活掌握，拨一个给李文田，即可成全梁启超。徐桐是个老顽固，不喜欢梁启超的卷稿牵引古义，越出绳尺，硬是不肯拨给名额。他还对李文田袒庇粤省同乡颇有微词。李文田无奈，只好将梁卷“抑而不录”，并在卷末批曰：“还君明珠双泪垂，恨不相逢未嫁时。”表明其惜才而又无奈的心情。此后，梁启超便绝迹科场，他做《时务报》主笔时，更是痛斥科举制度扼杀人才。

梁启超：六大矛盾的集合体

梁启超为人率真、热忱，全无城府，一团孩子气。他自称为“中国之新民”和“少年中国之少年”，识者皆认可，不觉其矫情。

当初，他以举人之身拜监生康有为为师，如此见贤思齐，不虚心绝对做不到。最难得的是，梁启超精力弥漫，至死不衰。从外貌看，他短小精悍，秃顶宽下巴，目光如电，喜欢穿长袍，步履稳健，风神潇洒。他三十余岁办《新民丛报》，志在开言路、通舆情、启民智，其文章气势凌厉、感情充沛，影响了一代青年。

身处大动荡、大混乱、大嬗变的时代，梁启超的“保守性与进取性常交战于胸中，随感情而发，所执往往前后相矛盾”。比如说，他所主张的“做人的方法——在社会上造成一种不逐时流的新人”和“做学问的方法——在学术界造成一种适应新潮的国学”，二者之间潜藏着难以调和的矛盾。他要逃避或解决这些矛盾，行之有效的办法就是善变，“不惜以今日之我难昔日之我”，这是他最令人敬佩的地方（从善如流），也是他最令人诟病的地方（立足不稳），康有为即曾呵斥这位大弟子“流质易变”。梁启超一生所遭遇的全部荣辱、毁誉、成败、得失，莫不根源于一个“变”字。作为近、现代政界、文坛和杏坛最具争议性的巨擘，梁启超在生活上、政治上、学问上存在六大矛盾，他是一个典型的矛盾体，其通体附丽着异常驳杂的色彩，就像一个大大的调色盘。

矛盾之一：作为“一夫一妻世界会”的发起人，却明里蓄妾

任公17岁中举，深得正主考李端棻和副主考王仁堪的赏识，赞为国士无双，许为大器。李端棻觉得做房师不过瘾，他宁愿自降一级辈分，去做梁启超的内兄，结下这门亲戚。他请王仁堪执柯作伐，将堂妹李蕙仙许配给梁启超。李蕙仙比梁启超大几岁，贵小姐下嫁穷书生，她能处丰，亦能处约，持家有方，只是阃威太严，任公敬她让她，也有些怕她，惧内之名一度与胡适相埒。冯自由在《革命逸史》中有一节专门写到《梁任公之情史》，认定梁启超的

婚姻并不美满："李女貌陋而嗜嚼槟榔。启超翩翩少年，风流自赏，对之颇怀缺憾，然恃妇兄为仕途津梁，遂亦安之。"

1899年冬，梁启超从日本乘船去美国檀香山，应华侨保皇会之邀，前往演讲，妙龄女郎何蕙珍临时充当译员。何女士是当地的小学教员，不仅身材窈窕，容颜妩媚，而且具有一般女子所不具备的才华智识。彼此交往之后，梁启超为之倾倒，于是梁郎赠小像，何女馈小扇，两情暗洽。然而待到梁启超露出求婚之意，何蕙珍却以任公使君有妇，文明国不许重婚为由，婉言拒绝。任公情怀缱绻，难以自持，于是舒吐为诗，共计20首，发表在《清议报》上。何蕙珍性情刚烈，不肯屈为姬妾，这是一场无望的情事，梁启超怕遭物议，只好撒手。好在他另有想头，回到夫人李蕙仙身边，还有一位陪房丫头王桂荃侍候他，聊慰其落寞情怀。李蕙仙为他生思顺、思成、思庄一男二女，王桂荃则为他生思永、思忠、思达、思懿、思宁、思礼四男二女，梁家人丁兴旺，倚赖王氏为多。

梁启超是"一夫一妻世界会"的发起人，到头来，却改变初衷，安享齐人之福。他颇能取巧，妻只一人，妾可忽略不计，如此一来就算是遵守游戏规则了。这一矛盾显然暴露出他感情丰富、意志薄弱的一面。他曾振振有词，自称"风云气多，儿女情少"，实在难以服众。

矛盾之二：提倡科学精神，却又喜欢谈玄扶乩

当年，严复翻译《天演论》，梁启超为之润饰十分之六七，但他的兴趣是散漫的，除了玩味佛老之学，他还一度对扶乩这样的迷信课目颇为上瘾。乙未（1895年）晋京前，梁启超与同门师兄弟扶乩问休咎，乩仙下凡，在沙盘上出示律诗二首，其一为：

蛾眉谣诼古来悲，雁殡衡沙远别离。三字冤沉名士狱，千秋泪

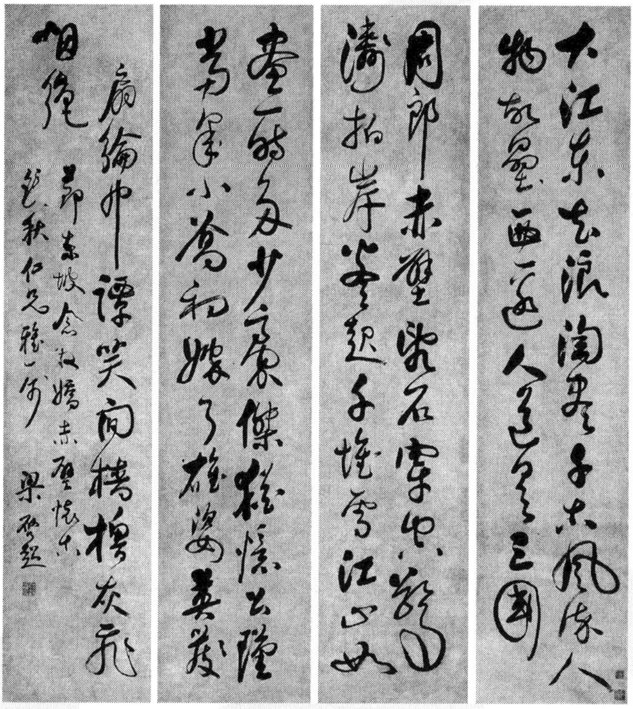

梁启超书法

洒党人碑。

阮生负痛穷途哭，屈子怀忧故国思。芳草幽兰怨摇落，不堪重读楚骚辞。

这首诗若果真是乩仙所作，那么他（她）对戊戌党人的命运预言之准确灵验，确实令人惊诧莫名，可是梁启超于戊戌政变后才向外界出示这两首诗，就难免被人怀疑为他故意杜撰陈迹，用于宣传。

矛盾之三：想做学问家，又想做通人

梁启超记诵力极强，求知欲极炽，对各类学术皆有研究的兴会，贪多务得、追求速成、缺乏恒心，三者是其治学的大病。梁启超颇有自知之明，他为长女梁思顺的《艺蘅馆日记》题诗，便对自己的痼疾痛下手术刀：“吾学病爱博，是用浅且芜。尤病在无恒，有获旋失诸。百凡可效我，此二无我如。”梁启超肯教女儿以父为训，可见他并不是讳疾忌医的人。

梁启超的笔端常带感情，颇能动人，但丘壑不够，文气太盛，缺乏令人百读不厌的回味。他名心重，耐不住寂寞，好与后辈争强斗胜，兴趣容易转移，时不时要与胡适等人竞赛一番，最终就成了一个无所不通的大“字纸篓”，缺乏专业方面的精深造诣。

有一次，上海美专校长刘海粟问梁启超：“你为什么知道的东西那样多？”任公想了一想，恳切地回答道：“这不是什么长处，你不要羡慕。我有两句诗：‘吾学病爱博，是用浅且芜。’一个渔人同时撒一百张网，不可能捉到大鱼。治学要深厚……‘才成于专而毁于杂’，一事办好，已属难得；力气分散，则势必一事无成。”任

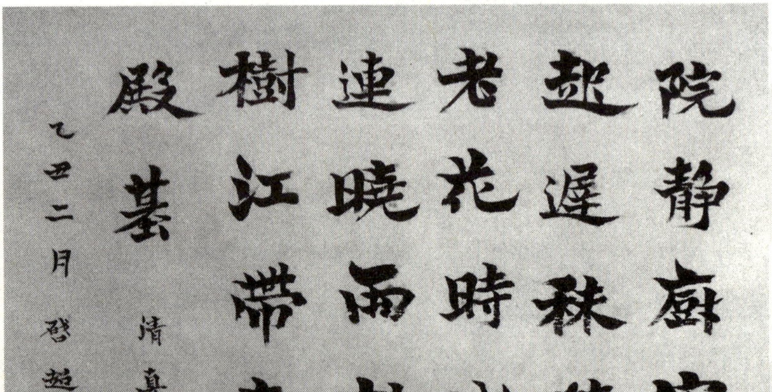

梁启超书法

公能讲这番话，说明他对自己的缺点是洞若观火的，只是不能改，如名医无法治己病。他一生勤勉不倦，“平昔眼中无书，手中无笔之日亦绝少”，共计留下1400多万字的精神遗产，真正著作等身，若单论其宏富，中国近代作家恐无人能出其右。然而至今仍被众人提及的仅有《新民说》、《王安石传》、《李鸿章传》、《戴东原哲学》等急就章，其学术方面的成果竟不大被同时代学者和后代学者认可，折腾来折腾去，始终都只是个空头学问家，这不能不说是梁启超的悲哀。

矛盾之四：踌躇于“保皇”与“排满”之间

戊戌变法乃历史上不朽之名剧，以“黄匣”、“朱谕”始，以“银刀”、“碧血”终，这一点想必没人持反对意见。变法前的国家情形是，甲午中日海战，北洋海军折损殆尽，赔巨款，割台湾，朝野为之震恐，士民为之激愤。即便如此，满族统治者最恨最防的仍是汉人，而非洋毛子。大臣刚毅在满汉之间掘出一条鸿沟，曾傲狠扬言：“汉人强，满洲亡；汉人疲，满洲肥！”在他心目中，汉人只不过是毋须善待的“家奴”而已。

梁启超从小受到祖父的影响，华夷之辨谨记于心，感情上绝对是排满的，但理智告诉他，要改造国家，刷新政治，无论如何不应绕开决意变法的光绪皇帝，自上而下的变革仿佛高屋建瓴，易于收功。因此，其所谓保皇与排满的矛盾实为理智与情感的冲突。“六君子”喋血菜市口，光绪皇帝被幽禁于瀛台，变法宣告彻底失败，在梁启超心中和笔下，感情便占据了上风，排满遂成为主调。

近代著名翻译家严复抱有根深蒂固的保皇思想，他曾慨叹：“梁氏实为亡清代二百六十年社稷之人！”这话即有感于梁启超的排满言论笔锋锐利，启发深刻，影响广远。

矛盾之五：尊师，但在真理面前当仁不让

希腊哲人亚里士多德尝言："吾爱吾师，吾尤爱真理。"梁启超早年敬重康有为，唯其马首是瞻，中年却反对康有为，斥之为"大言不惭之书生"，差一点被逐出师门。究其实，梁启超尊师自有其道，那就是当仁不让。

梁启超17岁时与同学陈千秋慕名拜访康有为，听其高谈阔论，一旦尽失故垒，梁举人竟屈尊做了康监生的弟子，他从心底里服膺康有为变易旧法，改良国家的信心韬略。梁启超敏速强干，做《时务报》的主笔，则《时务报》风行全国；做时务学堂的中文总教习，则时务学堂培养出大批爱国人才；在日本办《新民丛报》，则《新民丛报》深受留学生喜爱；作为高参，倒张（勋）倒袁（世凯），无不克捷；他晚年退出政治旋涡，任教于清华国学研究院，乐育英才，同样成就卓著。他越活越精彩，康有为则是每况愈下，老境颓唐，实则由于他们的思想、个性、行事风格和处世方式迥异而形成巨大差别。一句话，梁启超与时俱进，康有为则抱残守缺，梁启超反康甚至骂康，师徒反目实为必然。事实证明，那些终身追随康有为的保皇顽部——万木草堂的旧弟子，一条道埋头走到黑，完全浪费了生命，也没有给历史留下多少有价值的东西。孰智孰愚？

康有为性情偏执，唯我独尊，门人弟子谁若拂逆他的意愿，他就火冒三丈。1913年，梁启超应袁世凯之邀，出任北京政府司法部长，康有为向这位大弟子请托太多，又是要钱、又是荐人，梁启超不胜其烦，师徒之间的感情趋于冷淡。

1926年，康有为去世，梁启超尽弃前嫌，亲自主持老师的大型追悼会，还撰写了至为感人的祭文，对康有为的历史贡献和学术成就作出了充分的肯定。这说明，任公秉性并不凉薄，他对康有为的态度之所以前后矛盾，更多的是出于彼此政见上的歧异，他若阳奉

阴违，那才是“小人儒”，而他要做的始终是堂堂正正的“君子儒”。

矛盾之六：有定则无定见无定行

梁启超的定则是爱国之心、立宪之志和新民之道，在此定则之下，其见解、行动则是不断流变的，维新——保皇——君主立宪——护法——民主共和，仿佛三级跳远，助跑之后，他就必然会有一连串的腾挪。现代作家郑振铎在《梁任公先生》一文中对梁启超的多变表示了深深地理解：“他之所以‘屡变’者，无不有他的最坚固的理由，最透彻的见解，最不得已的苦衷……他的最伟大处，最足以表明他的光明磊落的人格处，便是他的‘善变’，他的‘屡变’。”

五四运动时期，梁启超在俱乐部大讲欧洲的社会主义，被李大钊斥之为“安福俱乐部社会主义”，讲归讲，他心中并不认为中国是社会主义的合适土壤。他在《晨报》上发表文章，与陈独秀、李大钊持完全相反的论调：“布尔什维克何妨客气一些，先让资本家来掌握政权，大办实业，给中国三亿工农带来温饱。这样对工农既有好处，工农吃饱穿暖，中国也能富强……若一味争取政权，反而把工农害了。”陈、李二人自然不会与他如此商量，结果是一番劈头盖脸的痛击。梁启超度量大，兴趣广，这个话题腻了，便会另选一个话题，往往是他率先挑起论争，却又第一个撤退。他曾对日本、英国文化赞不绝口，并且认定“中国经一次外化，就有一次进步”。但他在东南大学讲学期间，却对输入美国文化不表赞同，讽其为“雕花饭桶”。

梁启超“有定则无定见无定行”这一点，外人难以理解，多有责难。他曾对学生李任夫等人作过自辩：

我自己常说，“不惜以今日之我去反对昔日之我”，政治上如

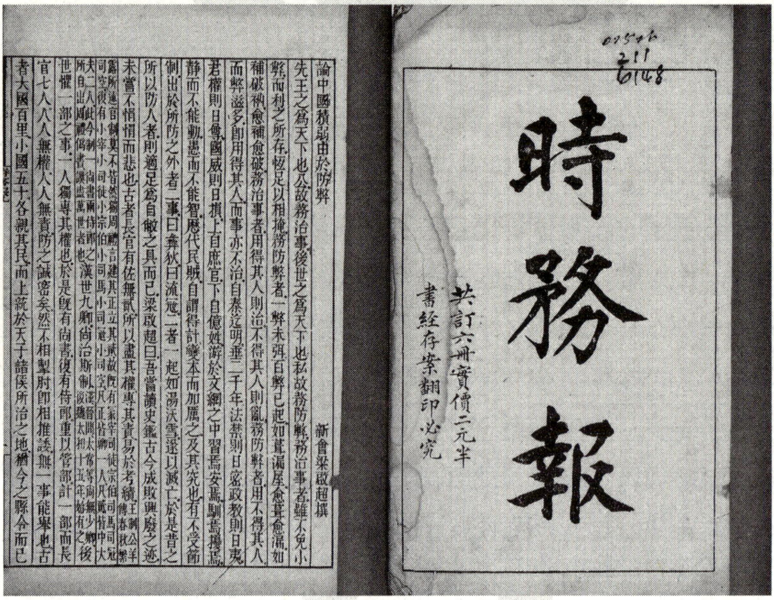

論中國積弱由於防弊　新會梁啟超撰

先王之爲天下也公故務治事後世之爲天下也私故務防弊務治事者雖不免小弊而利之所存恆足以相掩務防弊者一弊未弭百弊已起如葺漏屋愈葺愈漏如補破衲愈補愈破務治事者用得其人則治不得其人則亂務防弊者用不得其人而弊滋多即用得其人而事亦不治自秦迄明垂二千年法禁則日密政教則日夷君權則日尊國威則日損上自庶官下自億姓游於文網之中習焉安焉馴焉擾焉靜而不能動愚而不能智歷代民賊自謂得計變本而加厲之及其究也有不受節制出於所防之外者二事曰彝狄曰流寇二者一起如湯沃雪遂以滅亡於是昔之所以防人者則適足爲自敝之具而已梁啟超曰吾嘗讀史鑑古今成敗興廢之迹未嘗不悄悄而悲也古者長官有佐無貳所以盡其權專其責易於考績……世懼一部之事一人獨專其權也於是既有尚書復有侍郎重以管部計一部而長官七八人八人無權人人無責防之誠密矣然不相掣肘即相推諉無一事能舉也古者大國百里小國五十各親其民而上統於天子諸侯所治之地猶今之縣令而已

時務報

共訂六冊實價二元半

書經存案翻印必究

梁启超主笔的时务报

此，学问上也是如此。但我是有中心思想和一贯主张的，决不是望风转舵、随风而靡的投机者……我为什么和康南海先生分开？为什么与孙中山合作又对立？为什么拥袁又反袁？这决不是什么意气之争，或夺权夺利的问题，而是我的中心思想和一贯主张决定的。我的中心思想是什么呢？就是爱国。我的一贯主张是什么呢？就是救国。我一生的政治活动，其出发点和归宿点，都是要贯彻我爱国救国的思想与主张，没有什么个人打算。例如在清朝末季，在甲午战争以后，国家已是危如累卵，随时有瓜分豆剖之忧。以当时的形势来说，只能希望清朝来一个自上而下的彻底改革。康先生的主张是对的，我以为是有前途的，不幸成了历史悲剧。可是后来情况变化了，清朝既倒，民国建立，已经成了定局，而康先生主观武断，抱着老皇历不放，明知此路不通，他还要一意孤行到底，这是不识时务。为了救国，我不能不和他分开。至于孙中山，他是主张暴力革命的，而我是稳健派，我是主张脚踏实地走的。我认为中国与法国、俄国的情况不同，所以我不主张暴力革命，而主张立宪改良，走日本维新的路，较为万全。我并不是没有革命思想，但在方法上有所不同而已……顾亭林说得好：天下兴亡，匹夫有责。假如国之不存，还谈什么主义、主张呢！还谈什么国体、政体呢？总之知我罪我，让天下后世批评，我梁启超就是这样一个人而已。

在袁世凯面前多交了一笔学费

孙中山、黄兴、蔡锷等人对袁世凯都有一个交学费的认知过程，拥袁——反袁——倒袁三部曲，一个环节都不少。梁启超亲身经历过戊戌政变，由于袁世凯的叛卖，“六君子”喋血，变法失败，梁启超已交过一次昂贵的学费，怎么还会认为袁世凯是扭转中国国运的可靠力量？他居然留级，把学费再交一次，这确实是一个不容易解答的问题。袁氏有一“私”字横亘于胸，欲移中国为其私产，可谓司马昭之心，路人皆知，竟然能够迷惑梁启超，诱他出任袁氏政权的司法总长，可见梁氏确实只是迂阔的书生，而不是睿智的政治家。

周善培在《谈梁任公》一文中揭示了此中的隐秘：当年（1912年），他听说袁世凯召梁启超去北京，便与赵熙乘船去横滨，劝梁启超慎重其事。周善培说：“对德宗（光绪皇帝）是不该去，对袁世凯是不能去。”梁启超被劝不过，于是吐露真言：他并不想去北京，但康有为催促他尽快成行，他不能违拗恩师的意愿。其实还有一点，毋庸讳言，梁启超从事纸面政治已经十多年，登上政坛，真正有所作为，这是头一遭，诱惑确实太大了，他无力抵御。梁启超当了一两年的司法总长，眼看袁氏的专制独裁日甚一日，不但不听他的话，而且不大敷衍他，便辞了职。1915年，筹安会成立，袁世凯意欲称帝的阴谋露出冰山一角，梁启超洞烛其奸，即在天津发表

《异哉所谓国体问题者》，斥骂“筹安会”诸公，大戳袁世凯的痛处。文章刚刚脱稿，便有人向袁世凯告密。袁世凯惊慌之余，软硬兼施，派杨度送上20万元银票，为梁启超的父亲祝寿，请梁启超销毁成文，否则后果莫测。20万块银洋是一笔巨款，这张银票则堪称试金石，梁启超是不是真正的爱国者，一试即知。结果是，梁启超拒收银票，发出文章，揭露袁世凯改共和国为君主国，其真实意图是要走家天下的专制老路。登载此文的报纸不胫而走，国人因而醒悟。没错，梁启超多交了一笔学费，笨是笨了一点，但关键时刻他并不弱智，更没有利令智昏。他不仅撰文反对袁世凯，还极力赞成弟子蔡锷潜赴云南，高揭护国之旗。这就不奇怪了，其政论宿敌章太炎也由衷称赞梁启超：“共和再造赖斯人。”

死于庸医之手

1929年1月19日，由于尿血症，一枚好肾被误割，梁启超病逝于北京协和医院，丧命于庸医之手，仅止于中寿（57岁）。这一医疗事故曾引起社会公愤。拣择当时的挽联，以蔡（元培）、陈（少白）二公的联语最称允当。蔡联是：“保障共和，应与松坡同不朽；宣传欧化，不因南海让当仁。”陈联是：“五就岂徒然，公论定当怜此志；万言可立待，天才端不为常师。”

梁启超有一句名言传播极广，那就是：“战士死于沙场，学者死于讲座。”他是病死的，也是累死的，去世前他还在落力编写《辛稼轩年谱》。他一生饱经忧患，却是一个不折不扣的快乐的人。他有责任心，也有兴味，所以他活得丰富，也活得精彩，在这两方面，近代政治家和学者中罕有比并者。

“人间已无梁任公。”他是特异的，也是唯一的。

蔡元培：是真虎乃有风

王开林

古今中外，成功者甚多，我们不难从中遴选出自己推崇的对象，但若将某人推崇为大师、完人，这肯定是一件完全离谱的事情。在现代中国，除了北大老校长蔡元培先生，还有谁能无愧此誉？这并非笔者私见，而是蔡元培同时代众多学人的共识。

从晚清翰林到彻底的革命党

毛子水在《对于蔡元培的一些回忆》中讲到一件趣事。

某次，北大名流雅集，钱玄同冒失地问道："蔡先生，前清考翰林，都要字写得很好的才能考中，先生的字写得这样蹩脚，怎样能够考得翰林？"蔡先生不慌不忙，笑嘻嘻地回答说："我也不知道，大概那时正风行黄山谷字体的缘故吧！"黄山谷即北宋文学家和书法家黄庭坚，他的字体不循常轨，张扬个性，如铁干铜枝，似高峰奇石，以刚劲奇崛著称。蔡元培的急中生智既见出他的涵养，也见出他的幽默，满座闻之，皆忍俊不禁。

教育家马相伯回忆，1901年蔡元培担任南洋公学特班总教习期间，曾与张元济、汪康年一道拜他为师，学习拉丁文。每天早晨，蔡元培从徐家汇步行四五里路到土山湾马相伯家上课。由于求学心切，头一次，蔡元培去得太早，5点多钟，天边刚有一丝曙色，他在楼下低声呼唤“相伯，相伯”。马相伯感到惊奇，大清早的，谁来喊魂？打开窗子望去，来人是蔡元培。马相伯名士派头足，急忙摇手，对蔡元培说：“太早了，太早了，八九点钟再来吧！”虽然有点败兴，蔡元培并没有感到不悦，三个钟头后，他又回来了。这一年，蔡元培34岁，仍有程门立雪的虔诚劲头。

蔡元培一生的座右铭为“学不厌，教不倦”。他三度旅欧，精研西方哲学，在巴黎访晤过居里夫人，在德国访晤过爱因斯坦，两次高峰对话使他受益良多。嗣后，他提出“以美育代宗教”的主张，乃是积学深思所致，绝非异想天开。终其一生，蔡元培对学问抱持浓厚的兴趣，对教育怀有炽热的感情，虽历经世乱，屡遭挫折，却不曾泄气灰心。

戊戌变法时期，王照、张元济劝导康有为以开办教育、培植人才为先鞭，以维新变法为后图，康氏则认为：强敌虎视鹰瞵于外，清廷河决鱼烂于内，譬若老房子着火，纵有观音大士千手千眼为助，犹恐扑救无暇，王、张之议缓不济急，只好暂且作罢。无独有偶，辛亥革命前，严复在英伦邂逅孙中山，严开出的药方也是“为今之计，唯急从教育上着手”，孙中山略有迟疑，以“俟河之清，人寿几何”一语作答——他认为，在清王朝旧体制的框架下，教育犹如被巨石镇压着的笋尖，是无法舒展身子骨的。

当初，康有为、梁启超倡导变法维新，炙手可热，蔡元培却冷眼旁观，并不睇好康、梁的“小臣架空术”。蔡元培料定康、梁所主持的四不像的变法维新和君主立宪必定一败涂地。蔡向往民主政治，主张教育救国，放着好好的翰林不做，弃官南下，回家乡绍兴办学堂，到上海南洋公学特班任总教习，与叶瀚等人发起成立中国教育会，组织爱国学社，创办爱国女学。但他很快就发现此路不通，唯有以革命的手段刷新政治，才能使教育获得一线生机。于是，他参加杨笃生领导的军国民教育会暗杀团，与陶成章等人秘密创立光复会，出任中国同盟会上海分会会长。自唐代迄于清代，一千两百多年，翰林何其多，但主动参加革命党，去革封建王朝之命的，除了蔡元培，数不出第二人。

蔡元培《我在教育界的经验》一文中有这样一段话：“自三十六岁以后，我已决意参加革命工作。觉得革命只有两途：一是暴动，一是暗杀。在爱国学社中竭力助成军事训练，算是预备下暴力的种子；又以暗杀于女子更为相宜，于爱国女学，预备下暗杀的种子。”然而，与同时代的革命党人相比，蔡元培的主张无疑是相对温和的。当民族革命被推向最高潮时，“誓杀尽鞑虏，流血满地球”的激烈言论是主旋律。邹容的《革命军》痛恨满族人。蔡元培在《苏报》上发表《释仇满》一文，却给民族革命作了降调处理。他的言论更能服人，也更能安心：“满人之血统久已与汉族混合，其语言及文字，亦已为汉语汉文所淘汰。所可为满人标识者，惟其世袭爵位及不营实业而坐食之特权耳。苟满人自觉，能放弃其特权，则汉人决无仇杀满人之必要。”革命通常是流血的代名词，革命者保持冷静的理智，实为难上加难。

放手一搏：蔡元培决心改造北大

1912年3月，蔡元培加入民国政府唐绍仪内阁，出长教育部。他与教育部次长范源濂既是搭档，也是朋友。关于教育，两人的观点可谓相辅相成。范源濂认为：小学没办好，怎么能有好中学？中学没办好，怎么能有好大学？所以当前教育的重中之重是先整顿小学。蔡元培则认为：没有好大学，中学师资从哪里来？没有好中学，小学师资从哪里来？所以当前教育的重中之重是要整顿大学。几番辩难之后，两人协调了意见：从小学、中学到大学，教育部都须费大力气下大工夫去整顿。

1916年12月，北洋政府教育部任命蔡元培为北大校长。蔡元培刚从海外归来，风尘仆仆，到上海后，许多朋友都劝他不要率尔衔命：北大腐败透顶，烂到流脓，他若就职，恐怕整顿不力，清誉反受其累。但也有几位朋友鼓励蔡元培放手一搏，用手术刀割治这个艳若桃李的烂疮，给中国教育开创前所未有的新局，纵然败北，尽心也可无憾。蔡元培是具有强烈使命感的人，他选择了锐意进取，而不是临阵脱逃。1917年1月4日，他到北大视事，着手收拾这个令人掩鼻的烂摊子。

北大的前身是京师大学堂，与其称之为大学，还不如称之为官僚养成所。活动能力强的学生，上乘的做法是猎官，组织同乡会等借以接近学校当局，毕业后即稳得升官的阶梯；下乘的做法是钻营，用嫖娼、赌钱、捧名角来结交社会上的实力人物，以之为借重的资本。乌烟瘴气和歪风邪气很盛，唯独研究学问的风气荡然无存。

蔡元培迅即发出呼吁："大学生当以研究学术为天职，不当以大学为升官发财之阶梯。"他说："自今以后，须负极重大之责任，使大学为全国文化之中心，立千百年之大计。"为矫正学风，蔡元培从消极和积极两方面入手：发起组织进德会，发表《进德会旨趣书》，会员必须恪守不嫖、不赌、不纳妾的基本戒条（另有"不做官吏、不做议员、不饮酒、不食肉、不吸烟"五条选认戒）；设立评议会，实行教授治校；组织各类学会、研究会，如新闻学会、戏剧讨论会、书法研究会、画法研究会等，使学生养成研究的兴趣；助成消费公社、学生银行、平民学校、平民讲演团与《新潮》等杂志。

1920年蔡元培与北大师生合影

在蔡元培的心目中，“所谓大学者，非仅为多数学生按时授课，造成一毕业生之资格而已也，实以是为共同研究学术之机关”，因此大学理应是“囊括大典，网罗众家”的学府，遵循“万物并育而不相害，道并行而不相悖”的自然法则。他打过一个极具说服力的譬喻：人的器官有左右，呼吸有出入，骨肉有刚柔，它们相反而相成。蔡元培决意改造北大，并非打碎另做，推倒重来，凡饱学鸿儒皆得以保留教职，更在国内延聘名师，不问派别，不问师从，但求其术有专攻，学有专长。至于不合格的教员，他坚决黜退，不管对方是什么来头，有什么靠山。一名法国教员被黜退后，曾四处扬言要控告蔡元培。一位被黜退的英国教员更加神通广大，居然搬出英国驻华公使朱尔典这尊洋菩萨来谈判，蔡元培不肯妥协。事后，朱尔典怒气冲冲地叫嚣："蔡元培是不要再做校长的了！"

学术乃天下之公器，百虑一致，殊途同归，蔡元培不持门户之见，唯致力将北大改造成为中国的学术渊薮。蔡元培的改革理念和举措，最令人称道的便是"学术自由"和"兼容并包"。以党见和政见论，王宠惠信奉三民主义，李大钊、陈独秀信奉共产主义，李石曾信奉无政府主义，辜鸿铭憧憬君主立宪；以文学派别论，胡适、钱玄同、吴虞等人倡导新文学，刘师培、黄侃等人坚持旧文学。特别是"性博士"张竞生，被封建卫道士辱骂为"四大文妖"之一。他在北大讲"美的人生观"，在校外出版《性史》，竭力提倡"情人制"、"外婚制"和"新女性中心论"。在半封闭半蒙昧的中国，张竞生的言论绝对算得上耸人听闻，惊世骇俗，也只有在蔡元培的保护伞下，他才不会被大众的唾沫淹死。

当年，可以这么说：中国有多少党派，北大师生中就有多少党派；有多少学派，北大师生中就有多少学派。办大学，兼容并包其实是非常危险的，弄得好固然可以形成"酒窖"，弄不好呢？就会形成"粪沼"。蔡元培对于中西文化择善而从，对于各类人才兼收并蓄，使之商量旧学，邃密新知，和平共存，不相妨害。他的态度绝无偏袒，他的器局皆可涵盖，处事公平，无适无莫，大家自然心服口服。

世事无绝对，在北大，阋墙和摩擦总还是有的，而这些响动多半与辜鸿铭和章太炎的大弟子黄侃有关。辜鸿铭对胡适很不买账，认为胡适治哲学史，既不懂德文，又不懂拉丁文，简直是画虎成猫，误人子弟。黄侃也瞧不起洋味十足的胡适，但他对章氏旧同门诋诃更多，骂他们曲学阿世。于是众人暗地里戏称蔡元培为"世"，往校长室去竟谑之为"阿世去"。黄侃上课，骂师弟钱玄同有辱师门，骂得相当刺耳，两人教室毗邻，字字句句都听得清清楚楚，学生不免偷笑，而钱玄同则若无其事。

陈独秀在《蔡孑民先生逝世后感言》中称赞道："这样容纳异

己的雅量，尊重学术自由思想的卓见，在习于专制、好同恶异的东方人中实所罕有。”陈独秀尤其应该感谢蔡元培对他的爱护和包容。这位为科学与民主鼓与呼的急先锋，圭角毕露，锋芒侵人。他放浪形骸，不检细行，不拘琐德，往往予敌对者以攻讦的口实。陈独秀去八大胡同消遣，甚至遭到过妓女的控告，被警局传讯，经小报大肆渲染而成为轰动社会的丑闻。尽管陈独秀运笔如枪，但若没有蔡元培为他屡次三番解围，攻击者驱逐他出北大的愿望岂会落空？蔡元培是北大进德会的模范会员，“不嫖、不赌、不纳妾”这三条，他绝对遵守，但他并不以道德完善的标尺去苛求他人，这非常不易。蔡元培爱护陈独秀，因为后者是难得的人才，其言论主张值得同意和同情。

蔡元培、陈独秀、胡适：北大的“三只兔子”

在旧势力依然磐固的环境里，以效益论，激烈对抗反不如稳健从事。蔡元培能在北大取得成功，决非偶然。比如男女同校，蔡先生的做法是先让女生旁听，然后再行招收，并不向教育部明文通报，以免碰到钉子，反为不美。他心明眼亮，早看准了教育部的规定（是他在教育总长任内制定的）并无禁止女生上大学的条款。那些反对者眼见木已成舟，社会舆论偏向于赞同男女同校，也就不吱声了。

最巧妙的是，蔡元培引经据典，将自由、平等、博爱（他译为“友爱”）这一法国大革命时代所标举的公民道德纲领推演出中国式解释：“自由者，‘富贵不能淫，贫贱不能移，威武不能屈’是也，古者盖谓之义；平等者，‘己所不欲，勿施于人’是也，古者盖谓之恕；友爱者，‘己欲立而立人，己欲达而达人’是也，古者盖谓之仁。”此说一出，那些习惯訾议诋诃自由、平等、博爱的封建卫道士茫然迷失标靶，只好收声。斗士陈独秀喜打南拳，虎虎生威，刚猛之极。智士蔡元培则擅长太极推手，柔若无声，四两拨千斤。

在北大，蔡元培的权威也曾受到过挑战。当年，北大学生不肯交纳讲义费，为此包围红楼。面对气势汹汹的数百学生，蔡挺身而出，厉声质问道："你们闹什么？"为首的学生讲明来由："沈士远（北大庶务部主任）主张征收讲义费，我们来找他理论！"蔡元培说："收讲义费是校务会议决定的，我是校长，有理由尽管对我说，与沈先生无关。"这时，学生中有人恶语相向："你倚老卖老！"蔡元培毫无惧色，挥拳作势，公开叫阵："我是从明枪暗箭中历练出来的，你们若有手枪炸弹，只管拿来对付我。在维持校规的大前提下，我跟你们决斗！"当时，观者如堵，听闻先生此言，无不面面相觑。50岁的老校长摇身一变成了拼命三郎，大家都傻了眼。蔡元培的可畏之处在此，可敬之处在此，可爱之处也在此。学生自觉理亏，敌意受此激荡，霍然消解。大家哪儿来哪儿去，讲义费呢？当然照缴不误。

据林语堂《记蔡孑民先生》一文所述：当年他在清华教书，有事去北大见蔡元培，"最使我触目的，是北大校长候客室当中玻璃架内，陈列一些炸弹，手榴弹！我心里想，此人未可以外貌求之，还是个蘧伯玉吧"。蘧伯玉名瑗，是春秋时期卫国的头号大贤人，孔子好友，最为人称道的就是"行年五十而知四十九年非"，知过就改，精进不休。蔡先生年方五十，林语堂将他与蘧伯玉作比，有深意在焉。

"五四"风潮，北大学生是先锋和主力，被捕的也占多数。蔡元培毫不迟疑，联合学界进步人士，极力营救被捕学生，使他们很快就脱身囹圄，重获自由。当时，外间传言满天飞，最耸人听闻者有二：其一是总统徐世昌要严办北大校长，安福系军阀甚至悬红要刺杀蔡元培；其二是盛传陆军次长徐树铮已命令军队把大炮架在景山上，将炮口对准北大。不管传言是否可信，形势总是咄咄逼人。1919年5月9日，蔡元培秘密出京，报上登出他的辞职公告，词颇

蔡元培像

隐讳："我倦矣！'杀君马者道旁儿。''民亦劳止，讫可小休。'我欲小休矣。北京大学校长之职，已正式辞去。其他向有关系之各学校，各集会，自五月九日起，一切脱离关系。特此声明，唯知我者谅之。"

事隔多年，蔡元培作回忆文章《我在北京大学的经历》，把当年辞职的原因做了清晰的梳理："……但被拘的虽已保释，而学生尚抱再接再厉的决心，政府亦且持不做不休的态度。都中宣传政府将明令免我职而以马其昶君任北大校长，我恐若因此增加学生对于政府的纠纷，我个人且将有运动学生保持地位之嫌疑，不可以不速去。"蔡元培的苦衷由此可见分明。个人的名利得失皆服从大局的需要，是蔡先生的一贯作风。

当年的北大，有三只著名的"兔子"：蔡元培、陈独秀、胡适，三人都属兔，彼此之间相差12岁，被人称为"兔子党"。完全可以这么推论，假若陈独秀、胡适只有《新青年》这个作战的堡垒，而缺少北大这样讲学的地盘，没有北大教授这个堂堂正正的身份，新文化运动就不可能具有高屋建瓴之势，不可能收获摧枯拉朽之功。假若蔡元培不崇尚法国革命的精神，不主张学术自由，不倡导"读书不忘爱国"，五四运动就不会轰轰烈烈地开展。

五四运动后，北大学生过分热心甚至醉心于政治，蔡元培看到其中不良的苗头，于是提出"救国不忘读书"的口号，不赞成20岁以下的学生参与政治活动，以图矫正政治压倒学术的倾向，使北大学生知所警省。然而五四运动后，北大学生身上的政治标签日益彰显，最终走到了蔡元培愿望的反面，这是他始料不及，也是他无可奈何的。

"五四"促使中国人解放了被缚的普罗米修斯，也诱使中国人开启了潘多拉的盒子。到底孰是孰非，孰功孰罪，迄今争议不休，未有定论。只有一点是肯定无疑的，五四时代蔡元培领导的北大成了中国学术界的重镇，也成了国共两党的人才基地。

“临大节而不可夺”，“可亲而不可劫”

世间的人雄人杰莫不具有龙马精神。蔡元培的书房中挂着一幅刘海粟为他绘制的画像，上面的题词是：“其为人也，发愤忘食，乐以忘忧，亦不知老之将至。”

世间的人雄人杰也莫不是至情至性之人。罗家伦等多位蔡门弟子都曾忆及一件往事：七七事变前两年，强邻虎视眈眈，战争阴霾日益浓厚。蔡元培到南京，国民政府行政院长兼外交部长汪精卫请他共进晚餐，用的是西膳。蔡元培苦口婆心，劝汪改变亲日立场，收敛亲日行为，表明严正态度，将抗战的国策确立不拔。蔡元培说：“关于中日的事情，我们应该坚定，应该以大无畏的精神抵抗，只要我们抵抗，中国一定有出路。”言犹未毕，蔡元培的眼泪脱眶而出，滴到了酒杯中，他旋即端起那杯掺泪的酒，一饮而尽。听其言而观其行，举座动容，无不肃然起敬，汪精卫则如坐针毡，神情尴尬，只好顾左右而言他。汪精卫若能听从蔡先生的忠告，不再一意孤行，日后又何至于堕落成汉奸，身败名裂呢？

凡师长、朋友、同事、门生，都众口一词地肯定蔡元培是难得的忠厚长者，与人无忤、与世无争，但也不约而同地认为蔡元培临大节而不可夺，坚持原则、明辨是非，“柔亦不茹，刚亦不吐”，绝对不是那种只知点头如鸡啄米的好好先生，更不是那种八面玲珑的水晶球。蔡元培应小事以圆，处大事以方，他“躬自厚而薄责于人”，态度极和蔼，使人如沐春风。凡是了解蔡先生的人都清楚，他所讲求的“和”，不是和稀泥的“和”，而是“君子和而不同”的“和”，不可通融的事情他一定不会通融，不该合作的事情他一定不会合作。

蔡元培是古风犹存的君子，“可以托六尺之孤，可以寄百里之命，临大节而不可夺也”，“可亲而不可劫也，可近而不可迫也，可杀而不可辱也”，“可以欺以其方，难罔以非其道”。这样浑朴的君子，德操、器量、才学、智慧赅备，四项之中无一项短缺。

禅家为使弟子顿悟猛省，或不免使用棒喝甚至用木叉叉脖子之类的极端手段。教育家则有别于此，他们通常都是循循善诱，诲人不倦的。黄炎培就读于南洋公学特班时，蔡元培是他的老师，黄记忆中的情形是：“全班四十二人，计每生隔十来日聆训话一次。入室则图书满架，吾师长日伏案于其间，无疾言，无愠色，无倦容，皆大悦服……吾师之深心，如山泉有源，随地涌现矣。”

教育家胡元曾用八个字形容蔡元培：“有所不为，无所不容。”有所不为者，狷洁也，则非义不取，其行也正。无所不容者，广大也，则兼收并蓄，其量也宏。蔡元培是对事有主张、对人无成见的长者，一生从善如流，却未尝疾恶如仇。有容乃大，真可谓百川归海而不觉其盈。

最能说明问题的应数辜鸿铭对蔡元培的尊重。这位脑后垂着长辫的清朝遗老不仅精通数门外国语文，而且目高于顶，眼中无人。袁世凯是何许强梁？辜鸿铭却将此公与北京街头刷马桶的老妈子等同视之。但古怪之极的辜老头子特别服膺一个人，就是蔡元培。辜鸿铭曾在课堂上对学生宣讲：“中国只有两个好人：一个是蔡元培，一个是我。因为蔡元培点了翰林之后，不肯做官，就去革命，到现在还是革命；我呢？自从跟张文襄（张之洞）做了前清的官员以后，到现在还是保皇。”1919年6月初，北大教授在红楼开会，主题是挽留校长蔡元培，众人均无异议，问题只是具体怎么办理，拍电报呢，还是派代表南下？大家轮番讲话。辜鸿铭也登上讲台，赞成挽留校长，他的理由与众不同——“校长是我们学校的皇帝，非得挽留不可”，这么一说就显得滑稽了。好在大家的立场和意见一致，才没人与辜老头子抬杠。

“唯仁者能爱人”，此言不假。蔡元培心地善良，平生不知如何拒绝别人的求助。晚年，他为人写推荐信，每日总有几封，多则十余封，几乎到了有求必应的地步。抗战初期，蔡元培因病滞留香港，有位素不相识的青年从重庆寄来快信，自称是北大的毕业生，在重庆穷困潦倒，无以为生，请求蔡元培伸出援手，将他推荐给用人单位。蔡元培当即致函某机关负责人，称那位青年学有所成，这封推荐信不久即发生效力。然而那位青年到差时，所出示的毕业证书并非北大签发。某机关负责人赶紧写信询问蔡元培，是否真的了解那位青年的底细。蔡回复对方：

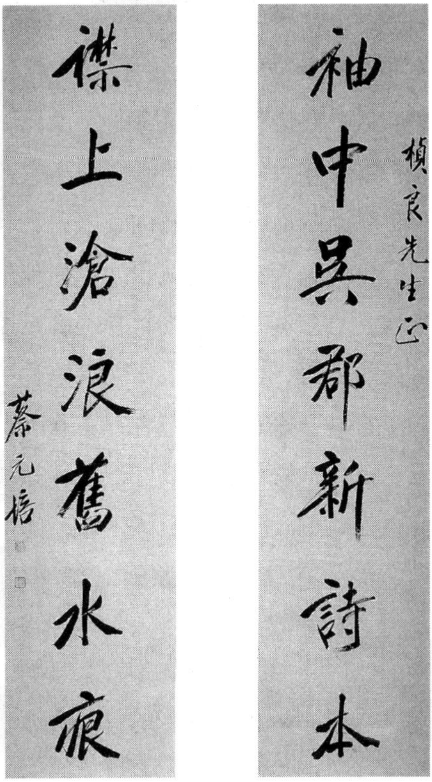

蔡元培书法

不必在意那位青年是不是北大生，只要看他是不是人才。如果他徒有北大毕业证书而不是人才，断不可用；如果他没有北大毕业证书而是人才，仍当录用。你有用人之权，我尽介绍之责，请自行斟酌。结果那位青年得到了这份差事，来信向蔡元培道歉，感谢蔡的再造之恩。蔡元培回信时，没有只字片言责备对方蒙骗欺罔，反而勉励对方努力服务于社会。从这件事情，我们不仅能见识蔡元培恢弘的器局，也能见识他善良的心地。当年，外间议论蔡元培的推荐信写得太滥，有的官员收到他的推荐信后，一笑置之。殊不知蔡元培助人为乐，体现了一种难得的服务于社会的精神。他曾阐明平等的精义：“人人应该以服务为目的，而不以夺取为目的。”他是言出必行的。

蔡元培不惮烦劳为青年人写推荐信，除了爱惜人才，也因为他有一个定见："希望在中年人青年人身上。为这些人挺身请命，披荆斩棘，是老年人的义务！"然而，有大力有高位的人与蔡元培同调的并不多，坎坎伐檀者倒是不少。

蔡元培有一种超然的态度，平日集会，其言讷讷，如不能出诸口，但与人交接，则侃侃如也。他最爱谈论的话题并非时事，而是教育、思想和文化。当教育部部长也好，当北大校长也好，当大学院院长也好，当"中央研究院院长"也好，蔡元培偏于理想，始终只负责确立宗旨，制定方针，并不羁縻于行政。很显然，蔡元培慧眼识珠，他总能擢选到好帮手，如范源濂、蒋梦麟、杨杏佛、丁文江，都是偏于实践的干练之才，为他打理实际事务。蔡元培无为而治，治绩有目共睹，原因只有一个：那些大名鼎鼎的学者无不发自内心地敬重蔡元培，乐于为他效命，他的凝聚力和向心力是最大的。

无论在哪儿，蔡元培都能聚拢人才，培养人才。

是大师，是完人，也是一头真虎

林语堂先生在《想念蔡元培》一文中有这样一段话："论资格，他是我们的长辈；论思想精神，他也许比我们年轻；论著作，北大教授很多人比他多；论启发中国新文化的功劳，他比任何人大。"诚然，笔者私心里认定，林语堂先生所说的"大"，即是大师之"大"。

大师必须是仁智双修的学人，而且是学人中百不得一的通人。学人难在精深，通人难在渊博。学人守先待后，自我作古即堪称高明，唯通人才能开通一代文化之风气。蔡元培的主要著作有《石头记索隐》、《教授法原理》、《中国伦理学史》、《美育实施的方法》和《华工学校讲义》，算不上著作等身，也算不上学问精深，但他是一位真正的大师。培养人才、引领风气，为国家种下读书、爱国、革命的种子，近百年间，蔡元培的功力和成就无人可及。傅斯年在《我所景仰的蔡元培之风格》一文中赞扬道：“蔡元培实在代表两种伟大的文化，一是中国传统圣贤之修养，一是法兰西革命中标揭自由、平等、博爱之理想。此两种伟大文化，具其一已难，兼备尤不可觏。”此言不虚。

中国社会对人一向求全责备，因此完人比外星人更罕见。孔夫子堪称道德楷模，就因为他与卫灵公的美貌夫人南子有那么一点风不可捕、影也难捉的小暧昧，仍不免为后人所诟病。传统意义上的完人必须立德、立功、立言，三者缺一不可，不仅要在公共事务方面恪尽责任，大有建树，而且在个人私德方面也不能留下任何瑕疵，蔡元培正是这样的士林典范。

1940年，蔡元培在香港逝世，全国哀挽。蒋梦麟的挽联是“大德垂后世，中国一完人”，吴稚晖的挽联是“平生无缺德，举世失完人”。这样的推崇，这样的评价，别人是绝对担当不起的，蔡元培则可以受之无愧。

蔡元培具有淡泊宁静的志怀和正直和平的性行，我们称赞他为“大师”和“完人”，仍是瞎子摸象，偏执一端。其实，他何尝不是一位白刃可蹈、虽千万人吾往矣的斗士。他与清廷斗过，与袁世凯斗过，与北洋军阀斗过，与蒋介石斗过，多次名列通缉令，多次收到恐吓信，走在生死边缘何止一两遭。晚年，他与宋庆龄、杨杏佛发起组织中国民权保障同盟，营救一切爱国的革命的政治犯，竭力为国家、民族保存一二分元气；他料理鲁迅的丧事，刊刻鲁迅的遗集；他主持杨杏佛的葬礼，谴责特务暗杀爱国志士的卑劣行径。这些举动无一不是公开与当局唱反调，没有大无畏的精神能行吗？

王世杰曾任北大教授，他在《追忆蔡元培》一文中写道：“蔡先生为公众服务数十年，死后无一间屋，无一寸土，医院药费一千余元，蔡夫人至今尚无法给付，只在那里打算典衣质物以处丧事，衣衾棺木的费用，还是王云五先生代筹的……”老辈学人最不可及的地方就在此处：他们追求真理，不愧屋漏；他们坚守信念，不避刀俎；他们真正有以身殉道的精神，将知与行打成一片，决不与时俯仰，与世浮沉，决不放空言讲假话，于一己之艰难处境，甚少挂怀，甚少计虑。蔡元培念念不忘“学术救国，道德救国”，其人格魅力，其爱国精神，至死而光芒不减。

朱熹尝言，“是真虎乃有风”。蔡元培无疑是中国教育界的一头真虎，其风范垂之后世，令人景仰，也令人一赞而三叹之。

蔡元培为何七辞北大校长职务

傅国涌

长期以来，海峡两岸均无争议的历史人物大约只有两个：一个是孙中山，一个是蔡元培。1940年，蔡元培在香港去世时，国共两党一致给予高度评价。国民党的《中央日报》推他为“万流景仰，高年硕学”；共产党的《新华日报》称他是“学界泰斗，人世楷模”。提起蔡元培，世人都会想起他扮演过的一个重要角色：北京大学校长。北大之所以成为国人心目中向往的大学，实始于蔡元培——是他一手塑造了北大精神，称他为“北大之父”并不为过。

蔡元培为什么受到朝野各方的一致尊崇？当然是因为他的道德学问：一是中、西学兼修，学问背景特殊；二是对革命、对教育有特殊贡献；三是个人品德高尚，无可挑剔。

第一代真正“学贯中西”的知识分子

先说他的学问。蔡元培出生在绍兴城里，早年的科举道路可以说一帆风顺：17岁中秀才，23岁中举人，26岁中进士，28岁成为翰林院编修，用中国过去的一首诗来讲，可说是“春风得意马蹄疾，一日看尽长安花”。他读书刻苦，楼上读书，楼下起火浑然不知。夏天读书蚊子多，就找个空坛子，把脚伸进里面。从17岁到28岁的11年间，他走完了科举考试的整个过程，功名富贵已是

蔡元培像

囊中之物。按理说他完全可以在仕途上非常顺利地走下去，可他不是一个庸庸碌碌的读书人，他生的那个年代也不容许他按部就班地一直走下去。他点翰林的那一年即1894年，也就是中日甲午战争那年，泱泱大国被一个小小的岛国日本击败了，蔡元培的内心产生了非常大的震撼。几年之后，发生了影响深远的戊戌变法，这次变法很快被以慈禧太后为代表的顽固势力扼杀了。蔡元培本人虽然没有遭到什么处置，但面对这样的刺激，他难以忍受，便挂职南下，毅然告别官场，回到南方，致力于办教育。

蔡元培的人生也就完全改变了，这一年他32岁。以后他曾长期在德国柏林、莱比锡等地学习、研究。他既有科举考试的完整经历、深厚的旧学根基（比如他八股文写得一流，毛笔字也写得很好），又有长期在德、法等欧洲国家学习研究的经历。要说学贯中西，蔡元培这一代知识分子是第一代真正算得上“学贯中西”的。他吸收了西方包括大学精神、现代化的精神，而不仅仅是西方的语言、技术，所以他最终没有回到旧的中国传统的怀抱，而是保有完全开放的、向世界看齐的眼光。他在德国多年，最佩服的人是德国柏林大学的创始人威廉·洪堡。洪堡在18、19世纪之间创办柏林大学，奠定学术自由、教学自由、学习自由的原则，并使这些原则成为全世界大学的基本价值准则。蔡元培后来办北大深受洪堡教育思想的影响。

把“革命党”请来做北大校长

再说他的贡献。36岁以后，蔡元培看到清朝已不可救药，决意参加革命，他在上海一边办学、办报、办刊物，一边以翰林的身份学习造炸弹、参加暗杀团，这是今天的人们无法想象的。我们现在能想象一个中科院院士亲手去制造炸弹、搞暗杀、搞革命吗？由于蔡元培在革命党人中的威望，他先后被推为第一任光复会会长、同盟会上海主盟人。辛亥革命之后，他成为中华民国第一任教育部长——那个时候叫教育总长。新的教育体制，就是在他手里奠定的。但由于他跟袁世凯、北洋军阀之间的矛盾，没做多久就辞职了。

当时的教育次长是湖南人范源濂，一个很出色的教育家，他们两人偏重不同。范认为小学没有办好，怎么能有好中学？中学没有办好，怎么能有好大学？所以第一步就要先办好小学。蔡元培的意见是，没有好大学，中学师资从哪里来？没有好中学，小学师资从哪里来？所以第一步是要把大学办好。把两个人的意见合在一起，从小学到大学都要用力整顿。只是他们二人一个兴趣侧重于普通教育，一个兴趣在于高等教育。

1916年底，也就是袁世凯呜呼哀哉之后，蔡元培应邀回国，出任北京大学校长，拉开了他人生最辉煌的序幕。这一幕比他的革命生涯——比如造炸弹——都要辉煌。正是他把北大办成了学术自由的摇篮、百花齐放的园地。现在还可以看到当时的任命书是总统黎元洪签署的。

谁都知道，蔡元培是个革命党，黎元洪和北洋军阀政府竟然敢请他来做北大校长。当时的北大乌烟瘴气，很腐败，被外界叫做“官吏的养成所”，是一个培养官僚的学校，不是研究学问更不是传播真理的地方。很多朋友劝他不要去接这个烂摊子，他还是去了。孙中山是支持他去的，并把他看做北方文化教育界极为重要的革命棋子。他自己怎么想呢？他的主要想法是要把北大办成一所真正的大学，真正的大学就是以学术为中心，上大学不是升官发财的阶梯。

他进入北大提出了自己的办学方针，就是有名的八个字：兼容并包，思想自由。

从文科入手：整顿北大三步棋

蔡元培对北大的整顿是从文科入手的。第一步是请人，他聘请了陈独秀、李大钊、刘半农、胡适、周作人、王世杰等一大批新学

蔡元培、周峻夫妇与友人

方面的要角（在自然科学方面也请了李四光、翁文灏等科学家）；同时又保留或聘请了一批在学术上有很高造诣，但在政治上非常保守，甚至主张君主制的学者，像辜鸿铭、刘师培、黄侃、钱玄同这些人。辜鸿铭在清朝垮台之后，依然拖着一条长辫在北大的讲台上教英文，上课时还有一个仆人在边上伺候泡茶、抽烟。

有人很不理解，为什么蔡元培又是请新学的，又是请旧学的。但在蔡元培看来，什么叫大学？他给大学下的定义是“囊括大典，网罗众家”的学府。大学应该是广揽人才，让各种不同的学术思想自由发展。针对有人批评他任用辜鸿铭、刘师培，他这样反驳：辜鸿铭、刘师培，他们的学问可以做你的老师，我们尊重的是讲学的自由和学术的自由，刘师培在北大不是来讲他的复辟思想，他是来教国学的，而辜鸿铭教的是英国诗歌。所以，希望你们学生学的是辜先生的英文和刘先生的国学，而不是要你们和他们一样去拥护复辟或者君主立宪。

为了请到陈独秀，他还曾经“三顾茅庐”。当时正好陈独秀到了北京，住在一个旅馆里，蔡元培登门拜访，正式邀请陈独秀做北大文科学长，要这位没有学位头衔的《新青年》主编来主持中国最高学府的文科。之后蔡元培差不多天天都要拜访陈，有时来得早，陈独秀还没有起床，他就招呼茶房不要叫醒，只要给他个凳子，坐在房门口等候就行了。蔡比陈年纪大，他这样诚意拳拳，陈独秀只能答应了。和陈独秀住在一起的安徽同乡、出版家汪孟邹回上海，将这些事讲给侄儿汪原放等人听，他们说：“这很像‘三顾茅庐’哩！”

为了应付北洋政府教育部，蔡元培在上报陈独秀的学历和经历时，略做了一些手脚，比如说他毕业于东京日本大学，曾任芜湖安徽公学教务长、安徽高等学校校长等。教育部很快就批复同意了。其实，陈独秀虽然多次东渡日本，只是在东京高等师范学校、早稻田大学等短期学习过，但没有在日本任何一所高等学校毕业。他是芜湖安徽公学、安徽高等学校的倡办人之一，不过并没有当过校长，仅仅在安徽高等学校当过短期的教务长。蔡元培聘人有自己的原则，他可以请当时只有24岁的梁漱溟到北大教印度哲学，梁没有学历而且有报考北大没被录取的记录。梁不敢来，他还予以鼓励，你就当做来研究来学习好了。

第二步是在大学的领导体制上创新，蔡元培在北大开始推行教授治校，由教授自己来管理学校，这在北大包括中国都是史无前例的。当时蔡元培在北大设立了一个评议会作为学校最高的立法机构，决定学校的大政方针。这个评议会的成员就是学校的教授，是由教授自己选举产生的，任期为一年，年满可以连选连任，而各个系里面的教授会也是这样的情况，选举产生，教授之间互选产生一名主任。学校的教学、教务工作，都是由评议会、教授会来决定的，不是校长说了算。校长其实是起后勤保障作用的，是给教授们服务的。

第三步是北大在他手里有了学生自治，这个传统也是开创性的。蔡元培鼓励学生组建自己的社团，比如傅斯年和罗家伦组织了新潮社、许德珩和其他学生组织了国民社，这两个社团当时都非常有影响。还有其他许多社团，比如毛泽东在北大参加过的新闻研究会。这些社团除开展一些活动之外，还办刊物、举行其他一些文化活动，比如出书等，都得到了蔡元培的支持。举个例子，当时北大的经费并不充裕，一个月全部的经费预算是四万块钱，但他光是给新潮社办杂志就要拿出2000块钱，可见他对学生刊物的重视。北大在五四运动时期培养了那么多精英，各个领域中许多的第一流人物，都是北大学生出身，这与蔡元培有非常大的关系。蔡元培不在校期间代理校务、后来接任北大校长、领导北大17年的蒋梦麟说自己只是按照蔡校长的既定方针办校。

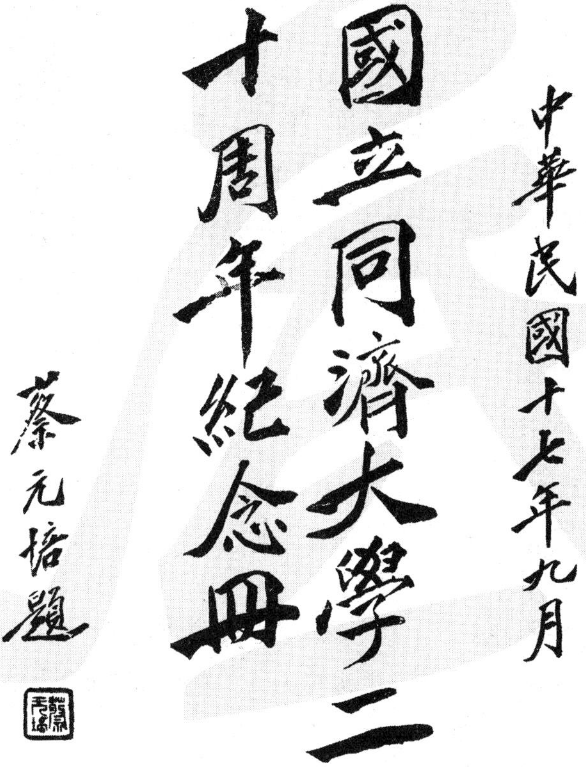

蔡元培为同济大学题字

私德无可挑剔：三条戒律和三任妻子

再来看看蔡元培的个人品德。举几个例子，1912年他和李石曾、张继、汪精卫发起一个“进德会”，定下三条基本戒条：不赌、不嫖、不娶妾；五条可以选认的戒条：不作官吏、不作议员、不饮酒、不食肉、不吸烟。

他到北大做校长后，也提倡进德会的这些戒条，有不少老师、学生参加，他自己也以身作则、身体力行。他把进德会会员分几个等级，把自己列名为乙种：除了做到不赌、不嫖、不娶妾，还做到不做官、不做议员两条。戒酒、戒肉、戒烟他不能完全做到。全部8条都能做到的是甲种。

他一生先后有过三个妻子，但他严格遵守一夫一妻制，从来没有纳妾，也从来没有停妻再娶过，更没有嫖娼的恶习，在读书人中有口皆碑。第一位妻子叫王昭，是旧式婚姻，我在蔡元培故居看到过她戴凤冠的照片。1900年王夫人病故时蔡元培只有33岁，身为翰林，媒人纷至沓来。他在书房墙上挂了亲手书写的5条择偶标准：

第一，须不缠足的；第二，须识字的；第三，能接受男不娶妾的自我约束；第四，丈夫死后可以改嫁；第五，夫妇如不相合可以离婚。

不缠足、可以再嫁、可以离婚这三条在当时都是惊世骇俗的，消息传开来，街头巷尾的议论沸沸扬扬，给他提亲的人望而却步，甚至还有老夫子坐了轿子来找他辩论。

两年后，蔡元培在杭州结婚，对象是不缠足、读过书、能书善画的新女性黄仲玉，书香门第出身。有一天他偶然在朋友家里看到一幅很纤秀的工笔画，字也写得很好，得知是一位未婚女性的作品后，他就请朋友撮合——1902年元旦，蔡元培在杭州举办一生中的第二次婚礼，并以演说会的形式代替闹洞房。

不幸第二位有才华的黄夫人在1921年去世。这时蔡元培已经53岁了。第三次娶妻，他提出了三个条件：第一，原有相当认识；第二，年龄略大；第三，懂英文能帮助他的人。

原来他心目中已经有人选，这个标准就是量身定做的，对象是他当年在上海办爱国女学时的学生周峻，一直独身未嫁。1923年他们在苏州结婚，以师生而夫妻。这年周夫人33岁，他已经55岁。

在同时代的大人物中，蔡元培在私德上是无可挑剔的。他被看做是道德上的完人，受到了所有人的敬重。他晚年在国民党执政时代位高望重，担任的各种兼职达23项，结果八行书到处飞，要为求上门来的人介绍工作，还要天天应付题字、约稿、写序等。1935年，他终于感到难以应付，决定辞去所有兼职，专任中央研究院院长。他在报上登了一个“三不启事”：一不兼职、二不写稿、三不介绍职业。

“知进知退”：七辞北大校长职务

蔡元培是真正的学界泰斗，受到举世景仰是名至实归，鲁迅始终尊敬这位同乡前辈。从51岁出任北大校长到61岁最后卸任，蔡元培在任一共10年，但实际上在校时间不足5年，期间他曾七辞北大校长而不准。我们先看看这张辞职表：

第一次辞北大校长职1917年7月3日；第二次辞北大校长职1918年5月21日；第三次辞北大校长职1919年5月8日；第四次辞北大校长职1919年12月31日；第五次辞北大校长职1922年10月19日；第六次辞北大校长职1923年1月17日；第七次辞北大校长职1926年7月8日。

七次辞职，各有原因。第一次辞职是因为张勋拥宣统废帝复辟，他离京到了天津，提出辞去北大校长一职。不过复辟闹剧只玩了12天就完蛋了。他于当月23日回北大。

第二次辞职是因为北大学生要到北洋政府请愿，反对中日一个军事协定，他劝说不成，当天请求辞职。

第三次辞职是在五四运动期间，学生游行到天安门，北洋政府抓了许多北大学生。他奔走要求释放，等5月7日学生一放出来，他就公开通电，引咎辞职，实际上他也是以辞职表示和北洋政府的不合作。结果因为政府一再挽留，包括总统徐世昌在内，他辞职不成。

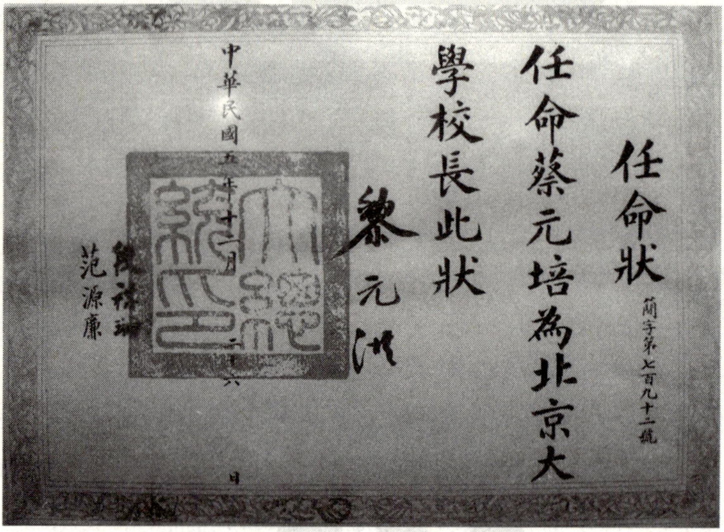

蔡元培任北大校长的委任状

第四次辞职是在1919年12月31日，北京教职员因为不信任教育部，全体停止职务，他作为校长当然要辞职。

第五次辞职原因有点例外，因为北大学生发生讲义风潮，对讲义收费不满而闹事。他愤怒了，甚至对学生说："我是从手枪炸弹中历练出来的，你们如有枪炸弹，尽不妨拿出来对付我。"蒋梦麟记得他还说"我和你们决斗"。这次风潮由胡适调停解决。

第六次辞职是因为曾经在北大任教、当时担任财政总长的罗文干被冤枉逮捕，本来司法机关查无证据将罗放了。不料教育总长彭允彝竟然在国务院会议上提案将罗再抓起来。他了解罗的人格和清白，为了抗议行政干预司法，不与违背法治、腐败无耻的北洋政府同流合污，他向总统和教育部提出辞职，并公开在《北京大学日刊》发表辞职声明，还写了一篇《关于不合作宣言》的文章发表在上海《申报》。直到这年6月23日，在杭州西湖边"平湖秋月"的大杨树下，他还要和胡适商定三个稿子，分别是给北京各校教职员联席会议、北大教职员和北大学生会的公开信，继续他和军阀政府的不合作。他的这次辞职社会反响很大，舆论强烈，彭允彝也因此下台。总统黎元洪出面挽留，他辞职不成，但不再到校，由蒋梦麟代理。奇怪的是北洋政府始终没有免他的职。

1926年6月28日，也就是三年半以后，他从欧洲回国，第七次提出辞职，仍没有获准，但他没有再回到北大。加上北大师生和北京9个学校的恳切挽留，又没有辞成。一直到了1927年7月军阀张作霖取消北大改为京师大学校，他的校长名义才取消。

从1916年12月以来，10年间，北洋政府的总统就换了5次，还有临时执政1人、摄政2人，内阁总理换了30次，而蔡元培一直是北大校长。

他为什么一次又一次地辞去北大校长的职务？除了上面说到的具体原因，还有一个答案就在他自己写的《关于不合作宣言》这篇文章里。他开篇引用了《易经》的话，“小人知进而不知退”。他不是小人，是君子，所以他知“退”。他想起1919年春天华北欧美同学会在清华开会，有人发言说，现在政府哪个部门能离得开留学生，如果留学生都辞职，政府当得起吗？他提出在黑暗恶劣的时局面前知识分子要懂得进退，退有时候比不进重要，所以提出“不合作”三个字。为了表示自己的不合作，他一次次辞职，一方面是以告退的形式维护自己的人格自尊，一方面是抗议和示范。

已经走上另外一条道路的前北大文科学长陈独秀对蔡先生的不合作主义不以为然，认为是消极的表示；胡适的看法则相反，认为不合作也是积极的。

陈独秀：龙性岂易驯

王开林

1932年10月15日，上海岳州路永兴里11号，处于半隐居状态且卧病在床的陈独秀被警方捕获，是叛徒谢少珊供出了他的住址。早在1927年7月，这位书生意气十足的总书记即因屡犯“右倾机会主义”和“右倾投降主义”错误被自己的同志炒了鱿鱼，两年后，又由于托派问题被中共中央开除党籍。现在身陷国民党的囹圄，以“危害民国”的重罪遭起诉，尴尬人遇尴尬事，真算得上是当年中国政坛的头号荒诞剧。第二天，《世界日报》找准这个新闻噱头，刊登了一幅漫画：主人公是饱尝皮肉之苦的陈独秀——共产党一拳将他击伤，国民党又冲上去追加两拳，把他揍得像滴溜溜的陀螺一样天旋地转。

被鲁迅嘲为“焦大”

陈独秀落入罗网，生死莫测，消息不胫而走，惊动了当世不少头面人物，他们纷纷声援，设法营救。酷爱和平的科学家爱因斯坦拍了份越洋电报给蒋介石，称赞陈独秀是东方的文曲星，人才难得，请勿以政见歧异而加害。大哲学家罗素、杜威也陈词灼热，以惜才之心恳请国民党当局审慎从事，优容知识界精英。至于国民党高层，一些资深元老更是为陈奔走呼吁。《申报》以头版头条刊出蔡元培、宋庆龄、柳亚子、杨杏佛、林语堂、潘光旦、朱少屏等人合署的《快邮代电》。傅斯年发表《陈独秀案》一文，作出持平之论：“政府以其担负执法及维持社会秩序之责任，决无随便放人之理，同时国民党决无在今日一切反动势力大膨胀中杀这个中国革命史上光焰万丈的大彗星之理！”蒋梦麟、刘复、周作人、陶履恭、钱玄同、沈兼士等12人致电张静江、陈果夫，为陈独秀说情。胡适、翁文灏、罗文干、柏烈武等人致电蒋介石，为陈缓颊。另有若干人尝试寻求法律解决的途径，竭力保陈性命。

陈独秀像

当然，陈独秀蹲大狱之后，外界也有一些异样的声音，最典型的是鲁迅以何干之的笔名，在《申报·自由谈》上面发表杂文《言论自由的界限》，嘲骂新月社诸君子是《红楼梦》中的焦大。此文也暗讽力争舆论自由的陈独秀与焦大无异。据濮清泉《我所知道的陈独秀》所记：“我问陈独秀，是不是因为鲁迅骂你是焦大，因此你就贬低他呢？（焦大因骂了主子王熙凤，落得吃马粪）他说，我绝不是这样小气的人，他若骂得对，那是应该的，若骂得不对，只好任他去骂，我一生挨人骂者多矣，我从没有计较过。我决不会反骂他是妙玉，鲁迅自己也说，谩骂决不是战斗，我很钦佩他这句话。毁誉一个人，不是当代就能作出定论的，要看天下后世评论如何，还要看大众的看法如何。”许多人主观上臆断，鲁迅是绝不会骂陈独秀的，当初陈是“逼”鲁迅做小说的恩人，后者非常纪念，情见于词。但鲁迅写起杂文来最不讲情面，陈独秀入狱难以勾起他的同情心，也是反常之中的正常。

除了文化界有大反响，军界也有人出动。军政部长何应钦去狱中作试探性“谈话”，先绕了个弯子，请陈独秀题字，陈略一沉吟，即题“三军可夺帅也，匹夫不可夺志也”。何此行目的是劝陈独秀尽快写出一份悔过书，以求主动赎“罪”，见此情形，只好免开尊口，悻悻而退。

蒋介石把磨得锃亮的屠刀又收了回去。本来，他不杀陈独秀不足以消心头之恨，现在受到国内外舆论一波强似一波的压力，迫不得已作出让步，但不可能让得太大，再怎么样，他也不愿放虎归山。蒋介石对新闻界的正式答复归结为两句话，第一句是“陈独秀虽已被共党排除，但亦是共党之鼻祖，危害民国，未戒组织社团闹事之病”，第二句是“独秀虽已非共产党之首领，然近年共党杀人放火，独秀乃始作俑者，故不可不明正典刑”。

陈独秀一生五次东渡日本，三次结婚，四次坐牢。奇就奇在，他的第三位妻子潘兰珍与他同床共寝两年之久，居然不清楚夫君是何方神圣。她平日叫他“李老头”，做梦也想不到他就是名噪天下的陈独秀。直到陈独秀在南京受审，报纸上登出大幅照片，潘兰珍这才认出失踪多日的丈夫“李老头”竟是天字第一号钦犯陈独秀，她简直不敢置信。

章士钊做他的辩护律师

当年，蒋介石剿“匪”心切，在这个节骨眼上抓获陈独秀，题材难得，他一再宣称此案务必严办，因此京沪两地的大律师不敢接这个案子。唯有章士钊自恃在政界与法界多年积蓄的声名，且人脉极广，去蹚这趟“浑水”。章是守旧派的大护法，陈是新文化运动的急先锋，按理说，道不同不相为谋。前者肯为后者使出浑身解数全力辩护，主要基于彼此在青年时代同气连枝的道义之交，他们曾一同办报纸编杂志（《国民日日报》和《甲寅》杂志），一同为反清大业出生入死。章士钊眼见故友落难，于情于义，他都要出来扛一肩。再说，他的履历明晃晃地摆在那儿，通身毫无赤色嫌疑，且与国民党众元老交谊深厚，他自告奋勇，肯做辩护律师，这无疑是陈独秀的运气。

时隔六十余年，我们稍稍检阅当时的史料，仍能感受到法庭内唇枪舌剑的白热化气氛，感受到陈独秀的狂飙性格，而章士钊倾力一辩，也使四座皆惊。

1933年4月20日，针对“危害民国”的严重控罪，陈独秀怒举舌鞭，奋起还击。他的自辩状中不乏绝妙好词，至今读来，依旧声色壮伟：

予行年五十有五矣，弱冠以来，反抗清帝，反抗北洋军阀，反抗封建思想，反抗帝国主义，奔走呼号，以谋改造中国者，于今三十余年。

余固无罪，罪在拥护工农大众利益，开罪于国民党而已。予未危害民国，危害民国者，当朝衮衮诸公也。冤狱世代有之，但岂能服天下后世，予身许工农，死不足惜，惟于法理之外，强加予罪，则予一分钟呼吸未停，亦必高声抗议也。法院欲思对内对外保持司法独立之精神，应即宣判予之无罪，并责令政府赔偿予在押期间物质上精神上之损失。

陈的自辩发挥到了百分之百，章士钊还要愈出愈奇。他先阐明了“反对政府并非危害国家”的法理，继而大谈在真正的民主国家中，“反对党”完全有存在的必然性和必要性。为增强说服力，他还搬出孙中山的原话，“三民主义即是社会主义，亦即共产主义”，给陈独秀伸脚抬头的余地。章士钊最自鸣得意的辩词在后半部分，他为了开脱被告，竟刻意将陈独秀打扮为国民党的功臣，其巧舌如簧令人拍案叫绝：

清共而后，独秀虽无自更与国民党提携奋斗，而以己为干部派摒除之故，地位适与国民党最前线之敌为敌，不期而化为缓冲之集团。即以共产党论，托洛茨基派多一人，即斯大林派少一人，斯大林派少一人，即江西红军少一人，如斯辗转，相辅为用。现政府致力于讨共，而独秀已与中共分扬，予意已成犄角之势，乃欢迎之不暇，焉用治罪为？今侦骑四出，罗网大张，必欲使有志之士瘐死狱中，何苦来哉？为保存读书种子，予意不惟不应治罪，且宜使深入学术研究，国家民族实利赖焉。总上理由，本律师要求法院宣判独

陈独秀墓

秀无罪。

作为辩护律师，章士钊趋利避害，把陈独秀描绘成国民党的功臣、三民主义的信徒、鼓吹议会政治的大喇叭和反共的急先锋，真可谓绞尽脑汁，煞费苦心，已让陈独秀的一只脚迈出了监狱之门，赢取了半个自由身。可章士钊万万没想到的是，陈独秀拍案而起，半点不领情，他宁愿坐牢，甚至掉脑袋，也决不摇尾乞怜，自污扒粪。他郑重声明："章律师之辩护，全系个人意见，至于本人之政治主张，应以本人文件为依据。"

当事人这样一说，章士钊的巧言雄辩便大打折扣了。陈独秀的老朋友、国民党元老柏烈武事后对陈松年说："你父亲老了还是那个脾气，想当英雄豪杰，好多朋友想在法庭上帮他的忙也帮不上，给他改供词，他还要改正过来。"但陈独秀终赖众好友竭力回护，幸免于死，法庭只判处他13年徒刑，高院终审裁决为8年。相比之下，共产党另一位落职的总书记瞿秋白可就远没有这么幸运了，他于1935年6月18日被国民党三十六军军法处枪杀于福建长汀。临刑前，瞿秋白自斟自饮，谈笑自若，酒至半醺，他说："人之公余稍憩，为小快乐；夜间安眠，为大快乐；辞世长逝，为真快乐。"嗣后，他自请仰卧受刑，要眼睁睁地看着子弹射向自己的心脏，确是一条铁骨铮铮的汉子。

陈案发生后，报界普遍给予陈独秀道义上的支持，并对其知行合一不乏赞词。1932年10月28日的《大公报》即发表过这样的言论："中国的社会，实在太寂寞了，什么领袖，能够真诚信念，不变节，不改话，言而有信，始终一致的，能找到几个？我们希望大家应该成全陈独秀才对！"所谓成全，当然不是叫陈独秀以身殉道，而是使他重获自由，去做他愿做和当做的事情，造福于社会，造福于大众。

当年，"陈独秀危害民国案"引起法学界极大关注，由于庭辩异常精彩，章士钊回到上海后，将检察官的起诉书、陈独秀的辩护状、自己代陈独秀辩护的辩护书汇集成册，定名为《陈案书状汇录》，交给与陈氏有密切关系的上海亚东图书社印刷了一百多册，分送有关人士。东吴大学法学系一度以此为教材。

“国民党四字经”让蒋介石暴跳如雷

陈独秀因祸得福，在江苏省第一模范监狱（俗称老虎桥监狱）享受到高级政治犯才能享受到的特殊待遇。他一人住一间大牢房，有一张大书桌，两个大书架，文房四宝齐全，可以安心读书写作。除此之外，年轻的妻子潘兰珍还可以照顾陈独秀的生活起居。坐牢的那几年间，陈独秀的著作接连问世：《中国古代有复声字母说》、《连语类编》、《古音阴阳入互用例表》、《荀子韵表及考释》、《屈宋韵表及考释》、《晋吕静韵集目》、《广韵东冬钟江中之古韵考》……还有一些论文如《干支为字母说》、《道家概论》和《老子考略》。他还想研究太平天国史，特意托上海亚东图书社的编辑汪原放带信给胡适，想请胡氏的弟子、专门研究太平天国历史的罗尔纲去南京谈谈（当然只能在监狱里谈）。胡适则认为“仲甫是有政治偏见的，他研究不得太平天国”，这事也就作罢。陈独秀忙于著述，囚居的日子过得极其充实，若不是1937年底南京监狱被日本侵略军的飞机炸塌，出狱之前，他很可能会著作等身。

大画家刘海粟受蔡元培之托，曾去监狱探望陈独秀。“蔡先生要他在牢房中坚持锻炼身体，从事一些学术研究，不要虚度岁月，社会上许多人正在设法营救他。”陈独秀表示感激，临别依依，他研墨挥毫，赠刘海粟一副对联：“行无愧怍心常坦，身处艰危气若虹。”早在1919年，陈独秀发表过一篇题为《研究室与监狱》的短文，大发高论：“世界文明的发源地有二：一是科学研究室，一是监狱。我们青年立志出了研究室就入监狱，出了监狱就入研究室，

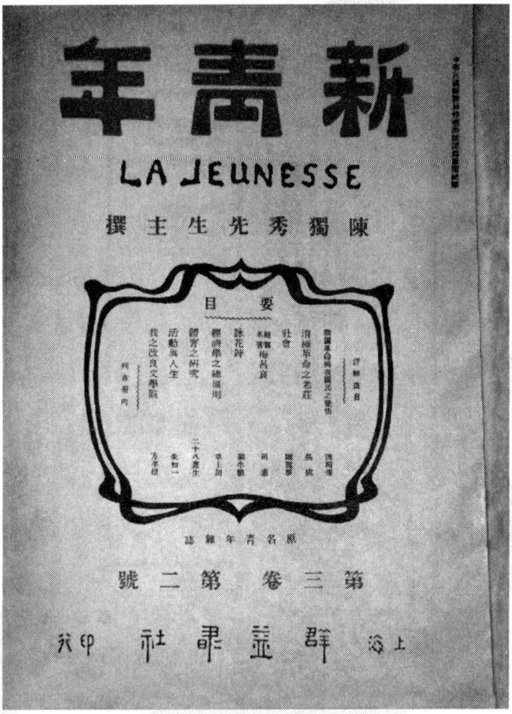

陈独秀主笔的《新青年》杂志

这才是人生最高尚优美的生活。从这两处发生的文明，才是真文明，才是有生命有价值的文明。”将监狱和研究室合而为一，极少有人能够做到，但陈独秀做到了，他一生坐过四次牢，其“高尚优美”还能不登峰造极！

陈独秀是典型的不羁之才，宁为鸡头，不为凤尾，特立独行，为所欲为，历来如此。1917年初，北大校长蔡元培力排众议，聘陈独秀为文科学长。蔡元培注重道德教育，曾在教员中发起“进德会”，甲种会员必须恪守“不嫖、不赌、不娶妾”的清规。陈独秀是甲种会员和评议员，却素行不检，常出入八大胡同，吃酒狎妓，难免招致物议，发展到后来，北京一家报纸甚至登出惊爆眼球的消息，说陈独秀常去八大胡同嫖妓宿娼，近日争风吃醋，亲往妓院“打场”（宠妓暗结新欢，原狎客愤而动武之谓），以至于抓伤某妓女下部。这样的丑闻自然对北大教授的整体颜面有损，对“进德会”也是辛辣的讽刺。为此，陈独秀丢掉了北大文科学长的职务。校方仍聘他为教授，给假一年，实际是预留一级自动走人的台阶给他下。此事固然有污陈独秀的清誉，却无损他的英名。他是飞龙，就算闹出了普通爬虫才会闹出的丑闻，也仍旧是飞龙，不是爬虫。

陈独秀是五四运动的总司令，是当时思想界的头号大明星，这样的声誉得来殊为不易。陈独秀是一位不知疲倦的宣传家，他有两大进攻武器：一是讲演，二是写文章。只要有人请他讲演，他总是有求必应，卓识谠论滔滔不绝。他走到哪里，《新青年》就办到哪里。他坐牢五个月，《新青年》就停刊五个月。

陈独秀对国民党素无好感，共产国际要中共集体加入国民党，他抱有很大的抵触情绪，认为这种做法无异于“在粪缸中洗澡”，只会沾上一身污秽。他曾创作《国民党四字经》，彻底剥掉了国民党的党皮：

党外无党，帝王思想；党内无派，千奇百怪。
以党治国，放屁胡说；党化教育，专制余毒。
三民主义，胡说道地；五权宪法，夹七夹八。
建国大纲，官样文章；清党反共，革命送终。
军政时期，官僚运气；宪政时期，遥遥无期。
忠实党员，只要洋钱；恭读遗嘱，阿弥陀佛。

这篇《国民党四字经》见报之后即风传天下，国民党形象扫地，蒋介石还能不暴跳如雷，切齿痛恨？

陈独秀与托洛茨基在某些政见上有不谋而合的地方。1929年11月，他被中共开除出党后，基本上就被定位为顽固不化的托派分子。在上海，陈独秀实际上只能写写文章，今天骂国民党，明天又骂红军。1930年7月1日，他发表《关于所谓“红军”问题》，大骂共产党为“匪”，红军为“寇”。如此左右不逢源，自然是腹背受敌，国共两党都将他视为眼中钉、肉中刺。共产党指责陈独秀和一切中间势力是革命“最危险的敌人，应该以主要力量来打击这些妥协的反革命派”。也就是在此期间，国民党司法机关将陈投进监狱，虽未剥夺他的生命，却剥夺了他的自由。陈独秀剑走偏锋，到头来割伤了自己。1938年后，他终于看清托派组织毫无发展前途，遂脱身而去，重又恢复为一位学者，这个身份才是他的本来身份。

董必武拜访过陈独秀，劝他以国家民族为重，抛弃偏见，不再固执，写一个书面检讨，回党工作。陈独秀的答复是：“回党工作，固我所愿，惟书面检讨，碍难遵命。”实际上，陈独秀厌倦了政治，厌倦了争斗，也撂不下面子，放不下架子。

章士钊说陈独秀是一匹“回头之草不啮”的“不羁之马”；汪孟邹说他“无法无天”；胡适说他是“终身的反对派”；郑超麟说他“不愿被人牵着鼻子走”；鲁迅说他“大门上写着‘内皆武器，来者小心！’但那门却开着的，里面有几支枪，几把刀，一目了然，用不着提防”；蔡元培说“近代学者人格之美，莫如陈独秀”；静尘说他“忠于人，忠于事，忠于他自己的意志和思想”；陈中凡说他“表面冷淡，实则富于热情”；陈独秀说自己“不怕打，不怕杀，只怕人对我哭，尤其妇人哭”，“我决计不顾忌偏左偏右，绝对力求偏颇，绝对厌弃中庸之道，绝对不说人云亦云豆腐白菜不痛不痒的话，我愿意说极正确的话，也愿意说极错误的话，绝不愿说不对又不错的话；我只注重我自己的独立思想，不迁就任何人的意见……不受任何人的命令指使，自作主张，自负责任……我绝对不怕孤立。”陈独秀的《爱国心与自觉心》一文从维护民权的角度出发，认为民权的价值重于国家的价值，立论极为大胆：亡国“无所惜”，“亡国为奴，何事可怖”，中国人在殖民主义者统治下当亡国奴，也比在当时中国做一个国民好。他在《我之爱国主义》一文中更是痛骂中国国民性之陋劣，民德民力无一不在水平线以下，唯知自侮自伐，他写道："外人之讥评吾族，而实为吾人不能不俯首承认者。曰好利无耻；曰老大病夫；曰不洁如豕；曰游民乞丐国；曰贿赂为华人通病；曰官吏国；曰黄金崇拜；曰工于诈伪；曰服权力不服公理；曰放纵卑劣；凡此种种，无一而非亡国灭种之资格！又无一而为献身烈士一手一足之所可救治！"他的这些观点必然会招致"诘问叱责"，惹来"宁复为人，何物狂徒"的詈骂。陈独秀曾说："我毫不顾虑我的意见会在社会中是最少数，少数未必即与真理绝缘，即使是人们所预祝的什么'光杆'和'孤家寡人'，于我个人是毫无所损，更无所惭愧。"陈中凡曾赠诗给陈独秀，将他比为桀骜不驯的鸾凤，其诗为："人方厌狂士，世岂识清尘？且任鸾凤逝，高翔不可驯！"陈独秀并不领情，他更愿将自己比为桀骜不驯的苍龙，请看他的和诗："悠悠道途上，白发污红尘。沧溟何辽阔，龙性岂易驯！"谁也无法驯服他，他要独来独往，他要秀出群伦。

陈独秀任性、固执、倔强、亢爽、直率、暴躁、耿介、刚愎。他"言语峻利，好为断制。性狷急不能容人，亦辄不见容于人"，"每当辩论的时候，他会声色俱厉地坚持他个人的主张，倘然有人坚决反对他，他竟会站起身来拂袖而去"。老一辈革命家李达批评陈独秀的作风是"恶霸作风"，"这个家伙要有了权，一定先杀了人以后，再认错"。陈独秀的性格决定了他具有精神的感召力，却缺乏凝聚力；作为理论家他是一流的，但绝对难以胜任政治领袖的角色。

"一代之骄子，当世之怪杰"

陈独秀从事政治数十年，除了在北大过了两年多比较安定的教授生活外，大部分时间都过着亡命的地下生活，颠沛流离，一直是政府通缉名单上的要犯，几次被捕入狱，甚至险遭枪决，这些革命

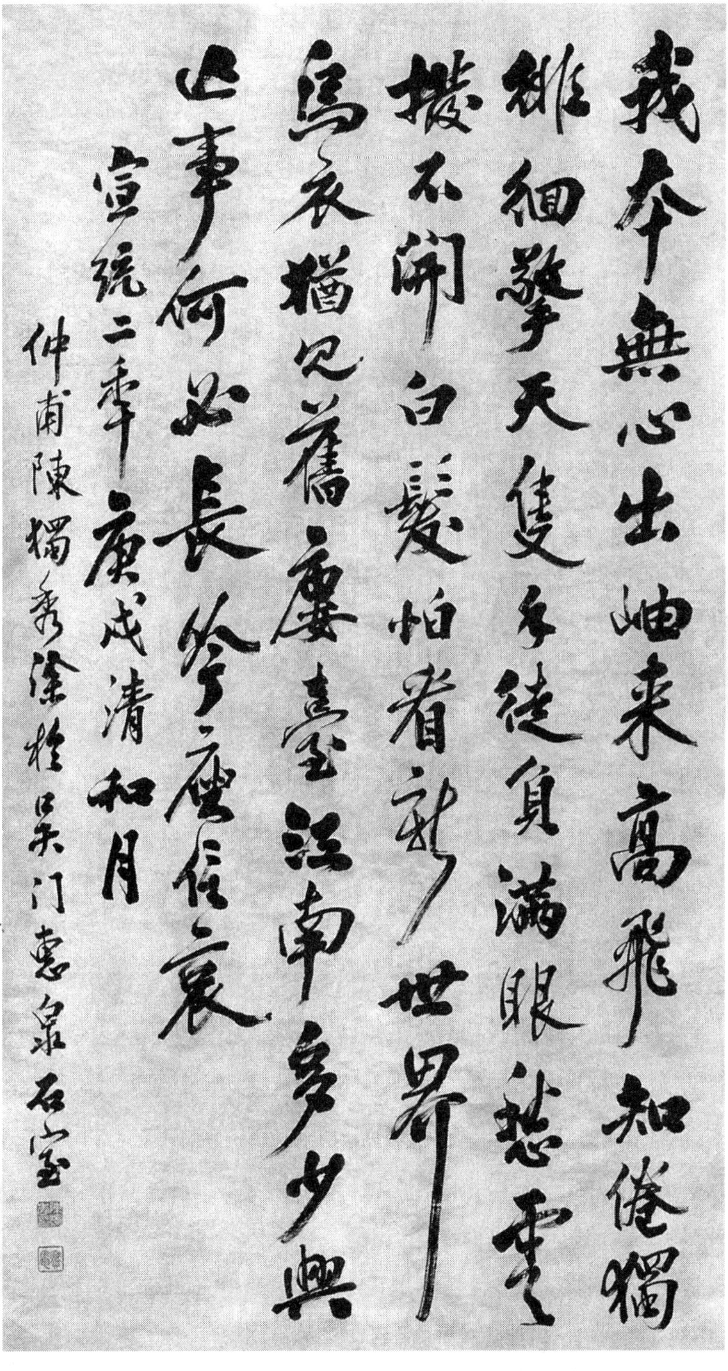

陈独秀书法

经历损害了他的身心健康。由于长期没有正常的饮食，他患有严重的肠胃病；狱中五年受够精神折磨，出狱后又得了高血压，久治不愈，时或发作，这使他整个人变得干瘦枯黑，唯有他的眼神仍像刺刀一样锐利。

1938年8月初，陈独秀偕夫人潘兰珍从重庆坐小火轮抵达江津，他是应同乡好友、北大旧同事邓仲纯之邀而来的。当时，重庆暴热，不时有飞机轰炸，陈独秀又很不习惯与人应酬，加之战时重庆物价飞腾，居大不易，他想择一清静安全的地方定居下来，好生做些学问。他愿去江津，还有一个很重要的原因：那里有不少交情极深的好友，如潘赞化、邓季宣、邓仲纯和何之瑜，其中邓仲纯精于医道，除了能照应陈独秀的生活，还能给他治病。陈独秀到了江津，却不受邓仲纯的夫人欢迎，昔日她领略过陈独秀政治弄潮给邓仲纯带来的风险，也看不惯陈老牛吃嫩草的风流习性，竟不肯接待这对远道而来的夫妇。邓仲纯惧内，但确实够义气，他与老婆大干一仗，没多久硬是把陈独秀和潘兰珍接到家中住下。只是好景不长，他夫人以自杀相威胁，大吵大闹，陈独秀既受屈辱，又颇感尴尬，便离开了邓家。

虎落平阳、龙游浅水，一代大学者、大革命家，竟沦落到这步田地！陈独秀若肯开口，门生弟子，旧雨新知，愿意解囊相助者绝不会少，但他是天生的倔脾气，穷死也不伸手向人求助。抗战期间，百业凋敝，他的版税和稿酬为数不多，北大同学会的捐助也是时有时无，即便这样，他仍坚拒各种名义的嗟来之食。据陈独秀老友朱蕴山回忆："当时陈独秀可怜得很！没有东西吃！"他拿了几只鸭子去看望陈，陈却差点翻脸。至于国民党中央组织部长、代理中央研究院院长朱家骅所赠五千元，以及蒋介石汇给陈独秀的"一笔数目可观的钱"，陈都原封退回。学生罗家伦、傅斯年满怀好意，亲自登门送钱给老师，陈独秀坚决不要，临别时对罗、傅二人说，"你们做你们的大官，发你们的大财，我不要你们的救济"，弄得两位高足弟子十分尴尬。对其他亲友资助的钱物，陈独秀则以条幅、对联、碑文或金石篆刻作为答谢，大家看准了他这种“无功不受禄”的脾气，要接济他时，就先绕一个弯，请他写字破石。朱蕴山对老友陈独秀穷不失义、不食嗟来之食、愈贫穷愈硬朗的性格颇为钦佩，赋诗赞美道：“一瓶一钵蜀西行，久病山中眼塞明。僵死到头终不变，盖棺论定老书生。”

1942年5月13日，包惠僧到石墙院看望陈独秀夫妇。当天，潘兰珍去双石场上割了两斤肉，做了两荤两素，战时难得有此伙食，大家吃得高兴，陈独秀吃到腹胀为止。此后数日，陈独秀胃病发作，病势转沉。唐代诗圣杜甫饿极后因饱餐牛肉而死，陈独秀不幸也因多吃肉食而一病不起，这种悲哀，竟千古相同。

陈独秀一生负气好胜，“奔走社会运动，奔走革命运动，三十余年”，赔掉两个儿子（陈延年和陈乔年）的性命，大部分政治生涯却归于失败。精神怫怫不乐，其心境之苦楚可想而知。陈独秀晚景惨淡，皤然老叟，贫病交煎，但并非一事无成，他撰写了一部《小学识字教本》，死后曾在台湾和大陆出版，均获专家好评。当初，商务印书馆已预付两万元稿酬，因陈独秀身份敏感特殊，书稿必须送审。国民政府教育部长陈立夫倒也赏识这部杰作，他的意思是，只需将书名改为“中国文字基本形义”，即可付梓。然而陈独秀颇为恼怒地答复：“一个字都不许动！”他落了陈立夫的面子，此书只得束之高阁了。陈独秀不愧是我国现代杰出的语言学家，他用科学方法将中国文字重新分类，对若干文字做了独到的研究和新的诠释，使之更加简明易学。最后几年，他还给友人写信近两百封，其中1940年3月2日至1942年5月13日，他给托派朋友所写的六封信和四篇文章，后经胡适编辑写序命名为《陈独秀最后对于民主政治的见解》，在香港出版。书的大意是：“民主主义乃是人类社会进步之一种动力”，把“民主主义看做是资产阶级的专利品”是“最浅薄的见解”，“现在苏联实行无产阶级专政，专政到反动派，我举双手赞成；但专政到人民，甚至专政到党内……贱视民主之过也”。他认为“斯大林的个人独裁正在代替无产阶级及其先锋队的专政”。他的这些思考，现在看来无疑是真知灼见。

“以先生之学力，若求高名厚利，与世人争一日长短，将何往而不自得耶？顾乃独甘如此结局！……呜呼先生！满腔热血，洒向空林；一生毅力，无用武地。吾不仅为先生惜，吾将为吾民族哭矣。”王森然先生在《陈独秀先生评传》中发出如此痛切的感慨。他还称赞陈独秀是“一代之骄子，当世之怪杰”。

耐人寻味的是，1942年5月13日，陈独秀卧病在床，正写到《小学识字教本》中的“抛”字，这是他一生中所写的最后一个字。撒手人寰之际，世间的一切恩怨、是非、功过、成败，都要抛弃了。他抛离了充满争斗与烦恼的世界，但历史并没有抛弃他，而是紧紧地拥抱这位光明俊伟的赤子，因为他是20世纪东方的普罗米修斯。

熊希龄："此君一出天下暖"

黄　波

新科举人于府衙赏花，吟诗作画，有画牡丹者，有画荷者，有画菊者，熊希龄则画了一株棉花。画史上何曾见过以棉花入画？他不动声色，在留白处题写了"此君一出天下暖"七个字——熊借棉花言志，震动全场。

近代史波谲云诡，出入于政治场中的人物，若非长袖善舞翻云覆雨之辈，人格未坠稍具良知者，鲜有不反躬自省的。这中间，曾居国务总理高位，最后却由绚烂归于平淡，将全部精力投身于慈善事业的熊希龄，应该是一个代表。

人称"熊凤凰"

湖南凤凰县虽是偏野小县，近现代史上却先后涌现了两个大放异彩的人物：一是今人熟知的著名作家沈从文，而在沈从文之前，代表凤凰县的却是另一个人——熊希龄，当时人称"熊凤凰"。

熊希龄，字秉三，1870年出生时，正值清王朝内忧外患，但对这个官宦子弟来说，还是要重走读书人的老路。少年早慧的熊希龄21岁中举,24岁高中进士，被选入翰林院庶吉士，俗称"点翰林"。这一切似乎显示，熊希龄一生，就是按部就班，走完"读书、应举、做官"这人生三部曲。然而，时代终究不同了。

熊希龄故居

熊希龄是一个胸怀大志的人。后来人们经常传颂他的一则与志向有关的轶事：在熊希龄中举的第二年，逢花朝之日（阴历二月十二日，被认为是花的节日），当地知府朱其懿邀集官吏和新科举人在府衙内赏花，知府提议吟诗作画。于是济济多士，各显身手，有的画牡丹，题曰“富贵风流”，有的画荷花，题曰“出污泥而不染”，有的画菊，题“采菊东篱下，悠然见南山”，均不脱俗套。熊希龄则画了一株棉花，旁观者都大摇其头，因为中国画史上，向来少有以棉花入画的。棉花为农家所亲，怎能登大雅之堂？熊不动声色，画完后于留白处挥毫题写了七个字：“此君一出天下暖。”这七个字真如画龙点睛，当即震动全场。熊希龄借棉花言志，不仅使自己名声大噪，还意外收获了一桩美好姻缘：朱知府赏识他的才华，作主将自己的五妹朱其慧嫁给了熊希龄。

“此君一出天下暖”。青年熊希龄借棉花言志，确非凡物。这其实也是中国历史上所有优秀读书人的理想，熊希龄会和他们有所区别吗？当然有，因为时代的变化，“开风气、启民智”是熊希龄最早的事业。

1897年，熊希龄从京城回到长沙，这时的湖南巡抚是陈寅恪先生的祖父陈宝箴，以开明著称，他引用黄遵宪等维新派人士赞助变法，又任命刚刚回到家乡的熊希龄为时务学堂总理，主持校务。熊希龄请梁启超任中文总教习，谭嗣同、唐才常襄助，时务学堂一时成为新派人士荟萃之地。在舆论先行的基础上，举凡教育、行政、实业，都有了新的气象，“湖南新政”全国闻名。

熊希龄因为在“湖南新政”中的杰出表现，理所当然成为守旧分子猛烈攻击的对象。著名学者、湖南顽固派的首领之一叶德辉曾撰写一副对联，上联是：“四足不停，到底有何能干？”下联是：“一耳偏听，晓得什么东西！”上联刺熊希龄，下联讽陈宝箴，分别以“熊”、“陈”姓氏入手，倒也巧妙。叶德辉把熊希龄和主政巡抚并列，显示熊希龄在新政中的地位举足轻重。

1898年8月，正是康梁变法如火如荼的时候，也许是看重熊希龄在湖南新政中的作为，清廷电召他晋京。熊因大病一场未及时成行，9月，慈禧太后发动政变，随后就是六君子流血。未如期到京的熊希龄逃过一劫，不过慈禧太后没有忘记他，下了一道严旨，“熊希龄革职永不叙用，并交地方官严加管束”。熊希龄默默回到家乡隐居，闭门读书4年。1902年，朱其懿调任常德知府，召熊前去办学，1903年，赵尔巽任湖南巡抚，访知熊在常德办学，于是奏称：“熊希龄自获谴以后，闭门思过，德性与学问并进，废弃可惜，恳恩免予严加管事，拟令助理学务，以观后效。”奉旨照准。

熊希龄重新被清廷起用有特定的背景。经过庚子事变，一度被洋人逼得外逃避难的西太后痛定思痛，不能不捡起原来被她废弃的变法图强的旗帜，而后来更因为孙中山等革命党人的存在，又不得不在政治体制变革上做出一些安抚人心的动作。在国内立宪呼声高涨的情况下，清廷派遣五大臣出洋考察宪政，新任湖南巡抚端方是其中之一，他保荐熊希龄充任五大臣之随员。回国后，由川督调任东三省总督的赵尔巽又奏调熊任东三省屯恳局会办，兼奉天造币厂总办，一时博得“理财能手”之美誉。端方、赵尔巽都是清廷倚重的股肱之臣，他们交相举荐熊希龄，足以表明熊氏在政坛上的显赫声望。

仕途多风波

清朝覆灭后，南北议和，袁世凯继孙中山之后任临时大总统。在民国政坛上，熊希龄先后做过财政总长、国务总理，堪称个人仕途的顶峰，按理应能实现“此君一出天下暖”这样的理想了，可现实却殊为不然。后人撰文论其生平时感叹道，熊希龄“平生似遇而实未遇，欲有为而终不可为。吁！惜哉！”这是怎么回事呢?

熊希龄在财政总长任上不到4个月，导致他这么快就辞职的是“大借款风波”。当时战乱刚有平息之势，各方急需用钱，尤以裁编军队一项为最急（北方有袁世凯的北洋军，南方有革命党人所领导的军队，数量都十分庞大），而国内财政几近崩溃，只有向外国银团借款一途。这些银团开出的条件至为苛刻，熊希龄到任后与对方谈判，双方都有所让步，遂达成协议。此举本为没有办法的办法，熊希龄却未获国人体谅，特别是革命党人，齐声痛斥熊希龄卖国。当时的南京留守黄兴通电谴责：“此种章程，匪独监督财政，并直接监督军队。军队为国防之命脉，今竟允外人干涉，至此无异束手待毙。”“熊希龄身负重任，竟敢违法专断，先行签约，悍然不顾，此而可忍，孰不可忍！”熊希龄不得不发布告剖白衷曲：“当与银行团抗争时，屡欲决裂，而南北两方军饷甚迫。南京来电，兵已食粥；北方各军，衣尚著棉……黄留守告急之电，一日数至，并称二日内若无接济，大祸一至，谁当此咎?”要让需索军饷的部队不哗变，又不答应外国人开出的条件从而借款成功，“应付俱穷，借贷无路”的熊总长还有什么好办法呢？只有多次请辞，避位了事。

熊希龄与香山慈幼院师生在香山碧云寺

熊希龄在国务总理任上，更留下了让人非议的两大瑕疵：先后在袁世凯签署的解散国民党、解散议会的命令上副署。按照民初的《临时约法》，总统发布的命令，需要国务总理副署才能具备法律效力，虽然当时袁世凯独裁之势已成，国务总理不签字并不足以阻止袁世凯的独断专行，但熊希龄的副署还是给其一生清誉蒙上了浓重的阴影。

现在再看这一段史实，固然可以责备熊希龄的软弱，但另一方面，还应看到当事人的苦心，看到熊希龄作为一个读书人对权术的生疏。

熊希龄是希望国家稳定，政治清明的，而在他看来，要国家稳定就需要一个强有力的领导人，以当时的客观形势论，在其眼里，这样的领导人只能是袁世凯。要政治清明，就只有实行宪政，推行民主政治，总统、内阁和议会按宪法各司其职。所以，在解散国民党的乱命颁布后，他不愿像前任总理唐绍仪一样，因为不肯副署而与袁世凯公开决裂，使政局混乱不可收拾，满心打算袁世凯满足一定欲望之后，就会尊重宪法，让他和阁员们按宪法履行职能，建立一个真正的共和国。实际上，当时有这种幻想的并不止一个熊希龄，梁启超、汤化龙等主张宪政的政坛显要们无不如此，而袁世凯也窥破了他们的这种心理，屡次承诺“不作皇帝，不专制，不违法，不解散议会”。孰料袁世凯使国会名存实亡后，另组“政治会议”与“约法会议”，并终于在1914年1月10日颁布了解散国会的命令。迫于情势，内阁亦不得不副署。

国会解散后不久，熊希龄也辞职下台。书生熊希龄到底不是枭雄袁世凯的对手。事后熊氏在写给好友的一封信中说：“弟以庸才，躬丁乱世……虽明知项城权诈，然因时势所趋，百端迁就，冀其统一环区、存此社稷，不料竟为所卖！”这里既道出了他对袁世凯委曲求全的苦心，也充满了受骗后的愤慨。

“赎政治之罪戾”，返归慈善

熊希龄下半生的事业唯在于北京香山慈幼院。

香山慈幼院前身为北京慈幼局。1917年夏末秋初，北方发生大面积水灾，19000个村庄被淹，635万灾民无家可归。儿童命运尤其悲惨，插标卖首和遗弃路边的灾童比比皆是。熊希龄受命督办水灾河工善后事宜，目睹惨况，不禁潸然泪下。为救济灾童，他决定在北京设立慈幼局，原拟设立5个月。1918年水灾平息后，大部分灾童逐渐被其父母领回，但最后仍有二百多人没人认领。水灾河工督办处不得不设一个永久性场所和机构来收养儿童，于是在北京西郊香山选址建造慈幼院。因为各省不时向慈幼院送灾童和学生，慈幼院规模不断扩大，最多时学生达两千余人。

香山慈幼院不仅是专为收养孤贫儿童而设立的慈善教育机关，而且是对他们进行教育的学校，使之学到一定的

香山慈幼院儿童储蓄银行流通券

知识和劳动生产技能以自立于社会，推行的是学校、家庭、社会“三合一”的教育体制。慈幼院的教育理念和创办实绩，为当时社会所公认。

慈幼院最大的困难是经费问题。1930年11月，因政府原先承诺的经费迟迟不到位，10名学生徒步赴南京请愿，轰动一时。为解决经费难题，作为院长的熊希龄，一方面利用自己的地位，向社会募捐，向政府呼吁拨款；另一方面自己也投入了大量财力，1932年，更有将全部家产捐献给救助儿童慈善事业的惊人义举。为了办好慈幼院，熊希龄堪称殚精竭虑。慈幼院的院歌、标语权系其本人亲撰。今人所编《熊希龄集》中，可以看到他和教职员的一次谈话记录。熊希龄说：“关于学生方面，应该每学期量一量磅，以考查各人体格的强弱……今年农场送我一些香蕉、梨，比较去年的反而小起来，去年送我的，我就觉得不如前年的，我想这样的下去，将来简直小得不成样子了……也是不知研究改良的原因啊！”可见他为教养儿童，虑事之周密深刻。他的夫人朱其慧未任实职，但对慈幼院也有很多贡献。熊夫人逝世后，熊希龄续娶一代名媛、女界之杰毛彦文，很大程度上也是着眼于毛彦文的教育专家身份。果然，后来毛彦文不负熊氏所托，在其身后挑起了慈幼院的重担。

慈幼院寄托着晚年熊希龄的心血和情感，这与他对自己从政经历的认识有关。他曾感慨地说：“希龄服务社会，有十五六年了。从前过的是政界生活，和老百姓隔膜太远，就不知道怎么叫做民间疾苦。自从民国六年办理一回水灾，亲自下去查勘，这才知道农村生活的状况，和我们政治界从前的错误与罪恶。就把政治看得淡了，毅然决然把它搁开，实力为社会服务。想到人民是国家的根本，小孩子是人民的基础……只要下些工夫，把他教训好，个个都为健全国民，这是多么要紧的问题呢。所以我从这个地方下手。”

日本发动侵华战争，久已淡忘政治的熊希龄又激发了爱国热情。他在香山慈幼院发布总动员之通告中说：“国难临头，已及眉睫……余虽六十老翁，此心不甘亡虏，一息尚存，誓当奋斗。”他并没有说大话，1933年4月亲率红十字会救护队前往喜峰口、古北口前线视察。他向执政者大声疾呼：“即谓热河问题，不仅在军事布置，尤须先行废除亩捐，减轻农民负担，方可收拾已去之民心。”后来局势的演变果然被他言中。

1937年12月，熊希龄离开沦陷于日军之手的京城，转赴香港。21日，他在给亲友的信中说：“此间生活程度太高，恐难久居，行将回湘……”可见捐献全部家产后的熊希龄，这时经济已颇为窘迫。写此信后四日熊希龄因病在港去世，战乱中，无法北上安葬，暂厝于香港华人墓地。

1992年5月17日，由熊希龄的学生们组织的香山慈幼院校友会，为他在北京香山举行了浓重的骨灰迎接与归葬典礼，参加仪典的海内外各界人士、亲友和校友逾千人，分别来自美国、日本、中国内地和台港，这时距其逝世已长达五十余载。当时之盛况，和熊氏学生们所表现出的历经沧桑而不变的真挚情感，不能不让人想起孔子悼念春秋时期郑国执政者子产的一句话：古之遗爱也。

陈序经最后二十年的浮沉

张晓唯

陈序经像

20世纪30年代初，中国知识界围绕“全盘西化”问题展开大论争，岭南大学青年教师陈序经（1903~1967）持激进立场，一时间名声大噪。那场笔战只是陈序经亮相学术界之始，此后他北上任职南开大学经济研究所，西南联大时期担任法商学院院长，乃联大院长中最年轻的一位。如今已成美谈的关于他宁肯不做院长也不肯按规定加入国民党一事，显露出这位学人的鲜明个性。陈序经终其一生未加入任何党派，即使1949年后颇得中共领导周恩来、陶铸等人的赏识器重，即使友人力劝他加入民主党派，他却始终保持无党派人士身份。他平生也未涉足宗教团体，但后来出掌具有教会背景的岭南大学，竟成为该校创办以来首位无教籍的校长。陈序经的“清高”自守，加之他的敢言和“优容雅量”，颇得高级知识分子的好感和信赖。在其生命的最后20年里，他先后出任岭南大学校长、中山大学副校长、暨南大学校长和南开大学副校长，被赞誉为新旧政权交替之际“难得的大学校长”。亦因如此，他为极左的政治氛围所不容，以致由波峰跌入浪底，终于消失在“史无前例”的大劫难之中。

临危受命接手岭大

1948年8月，陈序经正式出任广州岭南大学校长（初为代理），时年45岁。此前，他担任南开大学教务长、经济研究所所长和政治经济学院院长等要职，为张伯苓校长倚重的中坚力量。有分析说，张伯苓甚至考虑在自己因出任考试院长不得兼任校长的情况下由陈序经接任。可是，张伯苓几经权衡之后，同意且催促陈序经返

岭南大学学生自治总会全体职员合影

回岭南就任校长一职，这可能是时局使然。当时国共两党逐鹿中原，平津高校隐然成为“第二战线”，办学读书均非其时，比较之下南国还相对平稳。陈序经在大变局到来前夕返乡办学，竟使原本平平的岭南大学骤然“灵光一现”，却是他本人未曾料想到的。

陈序经，海南文昌人，当时籍属广东，获美国伊利诺伊大学博士学位，回国后最初任教的学校就是岭南大学。这是一所建校较早、历史繁复、亦中亦西的私立高等学府。

仔细算来，陈序经担任校长近4年，前14个月尚在国民党统治下，后一阶段的两年半则已是新中国初期。在“改朝换代”过程中，广州作为国民党政府在大陆的最后一个政治中心，有段时间政要云集，其中亦不乏向本地文教人士示好者。蒋介石、何应钦或邀宴或要求来校园暂住，陈序经均巧妙地加以回避和婉拒。中共进入广东初期，执掌粤省文教工作的是著名学者杜国庠，陈序经对之尊敬有加，并与广州市市长朱光将军以及杨东莼等领导人相处融洽。不过，当军管会查出学校出纳处违规存有金条，欲拘捕相关职员时，陈序经却挺身而出，表示：“他是出纳员，我是校长，要逮捕，就逮捕我。”肃反期间，校内地下室发现枪支，一时间风声鹤唳，陈序经调查后行文陈情：枪支为以前学生军训时所用，多为“一战”时旧物，已锈蚀为废弃物云云。一场风波得以化解。

其实，岭南大学的创办人乃美国基督教长老会牧师，在纽约设有“岭南大学基金会”，属于私人捐募性质。美国基金会对岭南大学提供的资金支助，往往换成金条以求保值。为了避开当时国内严重的通货膨胀，学校用金条到香港兑换港币以发放教职员的薪酬。陈校长的人望，他的诚恳与平易，他的积极主动，加之岭南大学的“硬件”设施，以及时人对于局势的各自判断，形成了众贤汇集岭大的难得一见之景观。

岭大办学的得意之举

当年岭南大学的学生、后来成为中国科学院院士的卢永根先生，在一篇纪念陈序经校长的文章中写道："正当中国人民解放军解放北平后挥师南下的时候，不少名教授和学者对党的政策存在疑虑而纷纷南下，准备经香港转往台湾或外国。就在这个时候，陈校长毫不动摇地坚守岗位，以自身的行动和礼贤下士的风范，把一批来自北方的名教授罗致到岭大，说服他们留下来，使他们成为广州解放后的学科带头人。广东省的多数一级教授就是这样来的，在医科领域尤为明显。"

所谓北方的医学专家，实际上主要来自北京协和医学院，关键人物是著名的医学放射学专家谢志光教授。陈序经出任岭大校长刚刚两个月，就利用回天津办事的机会，数次赶赴北平拜访谢志光，恳切相邀，几次相谈后，谢欣然应允，并带来一批协和的名医。他们南下任教岭大医学院，谢志光出任院长，使得该机构盛极一时，雄踞海内。外科专家司徒展晚年在美国撰文忆述："岭大医学院开办在各学院之后，自1948年声誉骤然公认为全国当时最佳者。"岭大医科的兴盛，乃陈序经办学最得意之举。

不仅如此，陈序经还聘请了陈寅恪、姜立夫、王力、陶葆楷、张纯明、吴大业、陈永龄、容庚、梁方仲等多位著名学者来岭大任教，大大提升了学校的师资水平。数学大家姜立夫长期担任南开大学教授，与陈序经有同事之谊。他本来已到台湾，但不适应那里的生活，陈序经遂邀他来岭大任教，设立数学系，请他做系主任。陈序经与陈寅恪相识于1934年，两人共同参加一个在南京举行的会议，会后北返列车中相谈甚欢，后又在西南联大共事，彼此相知渐深。陈寅恪与胡适同机飞离北平后，一路南来，事先与陈序经联系，表示愿来岭南大学"避风"。陈序经复电欢迎，随即电汇一笔

岭南大学校园

充足路费。寅恪先生如约抵穗，而其家人却到了香港，正在进退两难之际，陈校长亲自赴港劝说调解，终于将陈家接回康乐园妥为安置。

人们赞誉陈序经“不但是个学者，而且是个很有远见、很有组织能力、很能团结人的教育家”。他的办学能力突出表现在“识才”与“容才”这两点上。凡遇稍有资历的教师前来求职，他首先要了解该教师是长期从事学术工作，还是以谋官做官为主。对于后者，他认为必不能专心致志于教学，十之八九必婉谢。而对于所聘教师的学术经历、治学特点及教育背景等，他几乎烂熟于心，每每提及，如数家珍。识才不易，容才更难。居高位或具有权力资源之人，能够真正做到“不忌才”实属难得。陈序经对于教授学者们不搞宗派，不分是否“海归”，只要有才学者，他都很敬重。曾在岭南大学任教的法学家端木正评述道：“陈校长和知识分子交朋友，最成功的道理就是能尊重人。他说过，他当教务长也好，当校长也好，从来不到教室去听教授讲课，不去检查教学。他说，每位教授在我决定下聘书的时候，已经是相信他的教学水平，不能等他教了几年书，还去检查他。如果我不信任他，就不请他。”

像多数旧时大学一样，岭大的行政系统精干而富于实效。陈序经聘用冯秉铨、任锐麟两位资深教授分任教务长、总务长，前者乃哈佛博士、电子物理学家，口才好，善交际，教学方法高明，深受中外师生佩服；后者是20世纪30年代即来岭大任教的加拿大华侨、神学博士，曾经兼任广东国际红十字救灾会工作，忠于职守，富有才干，社会活动能力强。此二人在陈校长短暂而光耀的岭大办学生涯中作用重大。

还有一个人不能不提及，他是岭南大学理学院院长、美国教授富伦先生。在陈序经看来，富伦乃外籍教授中最有真才实学者，他还是美国基金会在校内的代表。对于新校长的若干举措，富伦不仅理解，而且支持配合，二人间的友谊与日俱增。1949年6月，即陈序经履职将满一年时，富伦在向美国基金理事会提交的一份报告中，对陈序经的治校才能大加称赞，尤其提到：“在政治动荡之际，他处事不惊，使得全体师生能面对变迁保持平静，令人赞不绝口，而广东一些人却惶惶不可终日。”

1950年夏，朝鲜战争爆发，抗美援朝随后开始，反美浪潮汹涌而至，岭南大学的外籍教师纷纷离去。富伦是最后一批撤离的美国教授，离别康乐园之际，陈序经一人前来送行。此时，岭南大学前景黯淡，教育部已经召开了“全国处理接受美国津贴的高等学校会议”，真正的“社会变迁”才刚刚开始。

院系调整后的“赋闲”与“出山”

当初有些人动议，将岭南大学迁往香港，遭校长陈序经否定。他的理由是，如此完善的一所大学迁移异地，谈何容易！而他内心则认为，国民党腐败失去江山，取而代之的共产党应当有希望。抗战时期陈序经在南京、重庆曾见到过周恩来，他对这位中共领袖印象不差。江山易手后，他拥护人民政府，与粤省主政者也建立起融洽关系。但是，他担任岭南大学校长的后半段，总的感觉是危机四伏，精神压抑。除了“思想改造”的政治压力外，过去办学的一些有效做法行不通了。他自述：“政府命令停止使用外币，本校若是使用了是违背政府命令。校长是学校负责人，做了违法事情，坐牢或任何处分，校长是最先一个。假使不用外币，教职员工的生活又必有了很多困难：有段时间人民币从五百元兑换一港币贬至五六千元兑换一港币。私立学校校长在经济上无办法，就做不下去。”私立学校的生存空间越来越小，本来生龙活虎的陈校长也愈加无可奈何。他甚至后悔自己离开南开而来岭南的选择，在一份“检查”中他写道：“我曾经将这个意思向杜（国庠）厅长说，他劝我勉为其难做下去”，“可是在精神上，在一个相当长的时期内，我始终是感觉到痛苦”。

1952年春，大规模的“院系调整”拉开帷幕，岭南大学与其他十余所具有外国教会背景的大学一并被取消。岭大取消校名后被并入中山大学，其原有的医、农、工、法、经济各学科被调整出去，只有文理二科进入新的中山大学，而康乐园变为中大新址。对于如此“大动作”的学科调整，陈序经内心不无保留，但他配合工作，并无外在的抵触。从这时开始到1956年的4年间，陈序经没有担任任何实质性的行政职务，被安排到中山大学历史系做一名研究教授。因为他所从事的社会学、政治学以及“文化学”已通通被当做“资产阶级文化”取消了学科，研究历史乃唯一选择。好在他对古匈奴史、东南亚各国史、西南少数民族史等均有兴趣和学术积累，默默耕耘成为他这4年的主色调。自1952至1966年间，陈序经撰写书稿约250万字，计有《东南亚古史研究》8种、《匈奴史稿》、《西双版纳历史释补》及《中西交通史稿》

岭南大学学生毕业照

等。在“树欲静而风不止”的20世纪五六十年代，取得如此成果，其勤奋与毅力令人欷歔不已。据其家人介绍，他养成了早睡而凌晨4时起来写作的习惯，多年不辍，即使日间肩负繁杂公务亦是如此。

海外报章对陈序经离开校长职位长期“赋闲”有过失实报道，一些朋友于是劝他出国另谋出路，国民党人士也来信鼓动他“脱离铁幕”。对此，陈序经平静处之，他自信平生教书办学，从未涉足任何政治活动，共产党不会难为自己，仍安心作学术研究。问题在于，陈序经虽无“官职”，但威望与影响仍在，原岭南大学的教授乐于与他接近，听取他的意见，甚至有一稍嫌夸张的说法：陈寅恪唯陈序经之言是听。如此一来，已经实行党委制的大学权力机构感觉遇到了挑战，必欲“纠正”而后快。某位学校领导用暴君的姿态对待高校知识分子，以至连很有涵养的陈序经也私下忿忿抱怨：有的人不仅要用脚踩在你的身上，而且还要用脚踩在你的鼻子上！

1956年对于陈序经来说是个转折点，先是被评为一级教授，后被国务院任命为中山大学副校长，还当选全国政协委员和广东省政协常委。这一变化，与那段时间知识分子整体处境的改善有关。据传，主政广东的陶铸某次进京汇报工作，周恩来总理特别提起广东有一位能聘到一级教授、善于团结高级知识分子的教育家陈序经，应当向他学习知人善任的本领。后来，陶铸与陈序经几乎结为莫逆之交。还有一个背景不可忽略：当时东南亚华侨筹建新加坡南洋大学，在全球杰出的华人学者中物色校长人选，陈序经的呼声很高，反映出他在华侨社会的声誉和影响，此事对中共高层不可能没有触动。

再次担任校长（副职），陈序经意识到自己是十几所被解散的私立教会大学校长中极少被重新启用者，但此刻履行职责的情形与以往主持岭大已明显不同。上有党委会负责思想政治和干部人事，各位正副校长各有分工，只要各安其职即可，全不似私立校长独自当家的劳顿与风险。陈序经分管基建、房管和卫生，几年间增建了体育馆（临时会堂）、生物楼，还扩建了学校医务室。但他上任刚刚几个月，“帮助党整风”的大鸣大放就紧锣密鼓地开始了。

陈序经一向以“敢言”、“好辩”闻于世，颇有所谓“一士谔谔”之概。可是在1957年“鸣放”时，他却显得比较谨慎，发言很迟，那篇发言记录稿《我的几点意见》6月间发表在《南方日报》时，与“事情正在起变化”的事态转折已非常接近了。他的发言温和含蓄，但不失锋芒。其中谈到：高校内泛政治化现象严重，学术与政治不分；一些党员用搞政治运动的经验，硬套到高等教育上；一些党员做事往往不讲法律和制度；一些干部与其说是违法乱纪，不如说是无法无纪。他在发言中强调，高校如果不要党的领导，是很难想象的，问题不在于要不要党的领导，而在于如何领导。曾有报纸点名批评这个发言，而陈序经在反右运动中竟安然无事。据知情者透露，陈乃“内控右派”。由此或可推断：中共高层在对陈序经的使用问题上存有分歧，而对其肯定者居于上风。

出掌暨南大学

粤省政治区位特殊，从清代中后期的“十三行”到现代的毗邻港澳，加之沿海侨乡居多，流动性与开放性明显，其主政者需要灵活应对，为官也就比较开明。当年陶铸作为“中南王”，肯于善待陈寅恪、陈序经等人，显示出他过人的眼界和气魄。1958年，为适应华侨子弟的入学要求，新暨南大学在广州成立，陶铸以中共中南局第一书记兼广东省委第一书记身份兼任该校校长。其间，他多次访晤陈序经，探询办学方策。经过几年草创，学校初具规模。1962年底，陶铸执意卸去兼任的校长一职，坚请陈序经接任。这样，年近花甲的陈序经便开始了一段暨大校长生涯。

自1963年至翌年上半年，作为暨南大学校长，陈序经主要致力于两件事：一是提高教学和学术水平，二是建设校园。他筹划自外校调入一批骨干教师，几经努力，仅小有所获。社会组织形态已然变化，过往的成功经验如今难以奏效。他秉持教育管理要有“优容雅量”的想法，亲自登门造访暨大每一位教授，亲自接待返乡来校探访的侨生家长。他虚怀若谷平易近人，对教职员工从不摆校长架子，每每清晨乘小车远道来校，途中遇有本校人员必定招呼上车，以至校长的乘用车被称作“小巴士”。他在任期间，暨南大学作为一个特例成立了校董事会，廖承志为董事会主席，成员包括费彝民、王宽诚、何贤等海内外知名人士。陈序经的亲和力不仅在校内大行其道，也不断扩延到海外人士中，无论相识与不相识，人们愿意与他商谈各类办学事宜。在不长的时间里，学校增设外贸系、东南亚研究所，筹办医学院，增加图书仪器，扩大海外学术交流，华侨子弟回祖国读书的人数明显增多。

章士钊像

陈序经办暨南大学有声有色，本是利国利民的大好事，但在极左年代里，却无意中犯了政治上的大忌。还在他上任暨大校长之初，上边即有责难声：“为什么找一个党外人士做正校长？”

在南开的最后岁月

1964年6月，中央突然下达调令：陈序经转任南开大学副校长，调离广东。陈序经不明所以，也极不情愿重返南开。他求助于陶铸，陶铸坦言此次自己也是爱莫能助，反而劝他北上就职为宜。究竟是何原因促成了此项调动？陈序经与粤省高级知识分子由来已久的密切关系及与海外人士的互信合作，在一些人看来，已事实上形成与党争夺知识分子、与党抗衡，影响恶劣，有人甚至贬称他为“土皇帝”。其实，此类“反映”在极左和封闭的政治环境里始终存在，当然构成一种推动因素。不过，事态突然生变，应与高层的直接介入有关。近年香港一刊物载文披露：当时主持中央一线工作的某位领导对陈序经在香港出版一系列历史著作，怒斥为“无组织行为”，其收取稿酬是“变相贪污”，严令“此人永远不许担任正职”。在可靠的档案文献公开之前，姑且将这一说法存录于此，留作参考。值得一提的是，“文革”之初，陶铸上调中央，党内尚有人指责他任用有大量海外关系的陈序经，欲借以阻挠陶的升迁。

1964年9月，陈序经怀着无奈的心情回到阔别多年的天津南开大学。世事难测，转了几圈又回到了原点，旧人已零落，而新人反将旧人当新人，他的内心难免感到苦涩。当时南开已有六位副校级干部，他是第七位，只能分管卫生之类，实际上无事可做。遇见西南联大老友、历史系教授郑天挺，郑问他现在做些什么，他答说练习烹饪技术（自做伙食），可见其初返南开之境况。“文革”初起，陈序经作壁上观，以为与己无涉。岂料严冬时节狂飙突起，他被揪出批判，“反动学术权威”、“美帝文化特务”、“黑线人物”等罪名汹涌而至。随后被抄家，住房遭强占，夫妻二人被赶至仅几平方米的一小屋内安身，还被责令不断地写交代材料。陈序经身体一向强壮，此时却急转直下，听力、排尿均出现障碍，1967年2月16日终因心脏病突发而离世，年仅64岁。

长歌当哭，总在痛定之后。像陈序经这样的学者型校长、才华横溢的教育家，却被狭隘的偏见、俗陋的嫉贤妒能所戕害，时代和民族的悲哀莫此为甚。陈序经的学养、经验和操守，值得后人尊重和感念。可是，他因遭遇高校的厚重壁垒而不得尽展其才，则是必须痛切反思的一个制度性课题。

马寅初:“敢言敢怒见精神”

魏邦良

马寅初像

马寅初(1882~1982),中国现代史上最具传奇色彩的人物之一:历经三个时代,跨越两个世纪;曾被蒋介石软禁,也曾被诬为“向党向社会主义进攻”——即使这样,他硬挺挺活到了一百岁。

1914年,马寅初毕业于美国哥伦比亚大学,获经济学博士学位。本可留校教书的他,婉谢了校方的好意。他对哥大校长说:“我来贵校学习,就是为了学成回国,为祖国作点贡献。”

回国后的马寅初不愿与官场同流合污,于是投身教育界,一心为国家培养人才。

“言人之欲言,言人之不能言”

抗日战争爆发后,国民党政府推行专制独裁统治,面对一系列祸国殃民的政策,很多人敢怒而不敢言。时任重庆大学经济学教授的马寅初却毫不畏惧,他对学生说:“言人之所言,那很容易;言人之欲言，就不太容易；言人之不能言，就更难。我就是要言人之欲言，言人之不能言。”

当时为了抗日，前方将士流血，后方百姓流汗，而“四大家族”却大发国难财。马寅初在一次立法院的会上向四大家族发难：

大量的事实和材料证明：中国的几户“大贪污”其误国之罪，远在奸商汉奸之上。吾人以数百万同胞之死伤，数百万财产之损失，希冀获得胜利以求民族之快复兴，决不愿以如是巨大牺牲来交换几个大财神，一个握财政之枢纽，一个执金融之牛耳，将吾人之经济命脉，操在手中。

马寅初故意模仿蒋介石腔调，重复了蒋常说的一句：“此岂抗战之用意？”虽然马寅初自始至终没提蒋的名字，但对蒋的不满和讥讽已“尽在不言中”。

在国民党陆军大学的一次演讲中，马寅初以更为犀利的言辞抨击了国民党高官见利忘义，大发国难财的丑恶嘴脸，并且指明道姓痛斥孔祥熙、宋子文等人：

还有一种“上上等人”，他们是“上等人”的后台。他们有的靠滥发纸币赚钱，有的靠克扣军饷赚钱，有的则依靠权势，利用国家机密，从事外汇投机。翻手成云，覆手成雨……

说到这里，马寅初索性一“骂”为快：“发国难财的‘上上等人’猪狗不如！我可以直言不讳地告诉诸位，这种猪狗不如的‘上上等人’，就是孔祥熙和宋子文等人！”

马寅初的矛头直刺国民党最高当局，让重庆大学校长叶元龙非常害怕，他问马寅初：“委员长对您是很尊重的，您的演讲是不利于蒋委员长的，他并没有得罪你啊？”马寅初答：“不错，他没得罪我，但他得罪了全国人民！”

此后，马寅初态度更为坚决，言辞更为激烈。一次，应黄炎培的要求在重庆市实验剧院演讲，他直接向蒋介石“开火”：

有人说蒋委员长领导抗战，可以称民族英雄，但我认为他根本

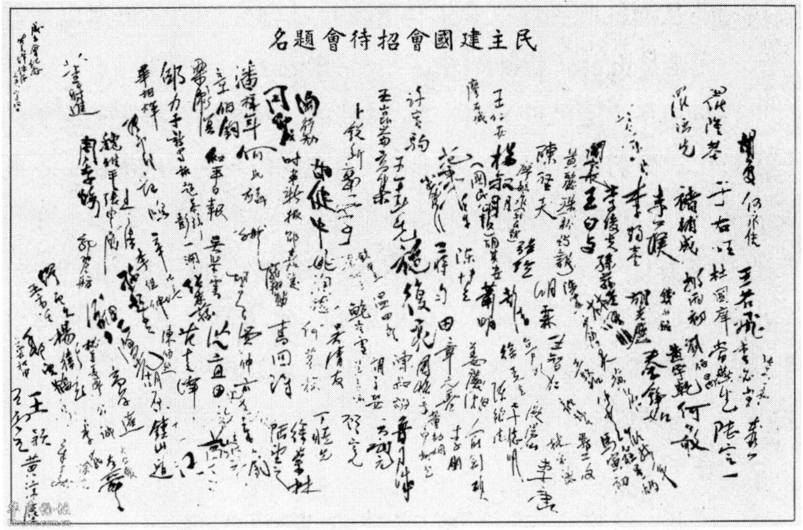

民建招待会签名簿

不够资格。因为他不能法办孔祥熙、宋子文，因为他包庇亲戚和家族，危害国家和民族。所以要说英雄，蒋介石也是一个英雄，不过并非“民族英雄”，而是“家族英雄”！

在蒋介石的眼皮底下以如此辛辣的言辞抨击蒋，除了马寅初，恐无第二人。在常人看来，以如此“大不敬”的语言斥责蒋总裁，完全可能惹来杀身之祸，而此刻他也知道台下有密探，于是索性打开窗户说亮话：

今天，我把儿女都带来了，让他们都来听我的演讲，知道我的主张究竟是什么。我的讲话，算是对他们留下的一份遗嘱……

1940年12月，蒋介石命令手下秘密关押马寅初。即使在牢房里，马寅初仍寻找“演讲”的机会，他向看守他的特务、宪兵讲战时经济，讲四大家族的腐败。渐渐地，特务、看守们开始同情他，对他的监视越来越松。他可以在牢房里自由看书看报，还可以给家人写信。有位名叫陈风超的副官听了马寅初的“演讲”，深受教育，决定不为蒋介石卖命，找了个机会跑回老家浙江务农去了。1981年，陈风超还从浙江赶到北京看望马老，并对马老说："我之所以能有今天，完全是由于马老教育的结果。特来表示衷心的谢意。"

1944年冬，历经近5年囚禁、软禁的"政治犯"马寅初终于恢复了自由，但仍被实行"三不准"：不准任公职，不准演讲，不准发表文章。但这些限制岂能束缚马寅初？1944年12月22日，在朋友的邀请下，马寅初出席了"星期五聚餐会"。他一身中式便服，一出场就对惊愕的听众侃侃而谈："各位，前人有诗说，'百亩庭中半是苔，桃花净尽菜花开。种桃道士归何处，前度刘郎今又来'。我说，政府伎俩施用尽，老马犹在今又来……"

"真空管"成了蒋介石的代称

国民党用了5年时间也没能封住马寅初的嘴。1945年3月，重庆伊斯兰青年教会请他去演讲，他一口答应，说："我曾作过许诺，只要我有空，青年们找我，我是随叫随到！"

那天演讲一开始，马寅初就很巧妙地切入正题："你们当中免不了有人要成为社会领袖，你们人人都有做大总统的机会。你们人人皆可以做什么'袖'，什么'长'！但是一旦成了什么'袖'，什么'长'，可千万要想着天下的老百姓，要使人民心悦诚服，大家拥护。不要使拥护你的人群，只限于少数的亲友！不要为自己私党，为几个亲戚朋友谋私利，让他们弄到几十万万、几百万万元到美国去享受。这样一个自私自利的领袖，中国并不需要！"

虽然没有点这个"自私自利的领袖"的名，但听众已心领神会。马寅初越说越激动："可有的人不这么想。他总以什么'抗战领袖'自居，说我想做汉高祖、明太祖，还有什么祖的。人们告诉他，那不行了！那是一百年、几百年前的事了，现在的世界潮流是和平与民主，你那套现在行不通了！他却说：'我就要这样做！'"——这末一句是蒋介石的口头禅，马寅初模仿老蒋说出这句话，引得听众一阵大笑。

马寅初接着说：

像这种人，一脑瓜壳的自我，一脑瓜壳的自私，外面的世界潮流一点也装不进去，拿他有什么好比的呢？只能说他是一个“真空管”！对了，真空管！就是你们在试验室里做实验用的真空管。真空管是肚子里空空的，没有东西，对外面的东西却又坚决地抗拒不让进来。

“真空管”的比喻十分传神地刻画了蒋介石一意孤行的形象。此后，“真空管”一词在重庆流传开来，成了蒋介石的代名词。

1947年5月，南京中央大学举行校庆，南京学联邀马寅初演讲。中央大学就在国民党总统府附近，马寅初去演讲，等于在总统府眼皮底下“造反”。国民党特务送来装有子弹的恐吓信，很多亲友劝马寅初不要去南京，但他说：“我不能让反动分子说，他们让我不出门，我就乖乖地待在家中。我就是要和他们对着干，不让我去，我偏去。”

1949年马寅初（中）到北大看望学生

在中央大学的礼堂，马寅初再次对蒋介石的独裁、专制痛加挞伐：“大家知道，民主这个词，在欧美叫做‘德谟克拉西’，我们就是要争取这个‘德谟克拉西’。蒋介石也喊要实行民主，并且召开了国民党代表大会，制定了什么宪法，竭力标榜民主。但是他这个民主，与全国人民要求的民主背道而驰，

20年代初，马寅初与蔡元培等人合影

因此，我们可以把他所实行的民主叫做‘德谟克拉东’吧。”

顺手拈来的一个“德谟克拉东”，辛辣又诙谐，引来全场一片笑声和掌声。

马寅初很喜欢杜鹃花，他对朋友说：“人们都只见这花的颜色，而我却看到了它的魂魄，它的精神。你知道，它为什么能有这般的殷红吗？那是它们从心头里流出来的赤血。唯有这赤血，才叫人醒心醒目。”

“不屈不淫征气性，敢言敢怒见精神”，新华日报社送马寅初六十大寿的这幅贺联，也是他一生傲岸不屈、挥斥方遒的真实写照。

坚持新人口论：“单枪匹马，战死为止”

解放后，经过广泛的调查和深入的思考，马寅初敏锐地觉察到中国人口众多所存在的隐患，于是写出了《新人口论》，提倡计划生育。由于“人多力量大的”口号在当时深入人心，马寅初的提倡虽具前瞻性，却不合时宜。

在当时的“理论权威”康生的策划、鼓动下，各大报刊发文狠批马寅初的《新人口论》。一天，女儿为马寅初整理资料，对他说：“爸爸，批判你的文章多达两百多篇啊！”马寅初答道：“1930年，德国出版了一本批判相对论的书，书名为《100位教授出面证明爱因斯坦错了》。有人将这一消息告诉爱因斯坦，爱因斯坦却无动于衷。当那人追问爱因斯坦如何应对时，爱因斯坦才说，‘干吗要100多人？只要一个人能够证明我真的错了，就够了’！”

在那样严峻的形势下，坚持真理、维护学术的尊严，是要付出沉重代价的，对此马寅初已作好了充分的思想准备。他在文章里表明了态度：“我虽年近80，明知寡不敌众，自当单枪匹马，出来应战，直至战死为止，决不向专以力压服不以理说服的那种批判者们投降！”

因为坚持真理，拒绝检讨，马寅初最终被撤销了一切职务。位卑未敢忘忧国，成为布衣的他依然牵挂国家大事，仍然坚持说真话。一次政协小组的学习会上，马寅初说：“我认为五七年的右派划得太多了，很明显，他们中有的人是错划的。对搞错了的，就应该给他们平反。这样做对他们本人、对党都是一件大好的事情。”

也是在政协小组的学习会上，一位委员说：“毛主席的话一句顶一万句。即使在一千年以后也是对的，我们要永远读毛主席的书，听毛主席的话。”马寅初听后立即反驳：“不能这样说，你这样说不对，不符合主义原理，革命实践告诉人们：马列主义的基本原理是放之四海而皆准的，是永远不会过时的；但无论是马克思、恩格斯、列宁、斯大林，还是毛泽东同志，他们的话或著作，特别是关于政策方面的言论，只能管一段时间，一个时期，并不是在百年、千年之后，或永远都有用的。我相信毛泽东先生本人，如果听了你今天的发言，也肯定不会赞成。”

为什么在举国疯狂时，马寅初能如此冷静？为什么在众人皆醉时，马寅初能独自清醒？因为他不迷信权威，不盲目跟风，任何时候都坚持独立思考。

与周总理有“患难之交”

马寅初一生最敬爱的人非周总理莫属。1976年1月9日，总理去世的噩耗传来，马寅初沉浸在巨大的悲痛中，当时的他已是年逾九旬的耄耋老人，但执意参加向总理遗体告别的仪式。家人担心他的身体，劝他别去，马老大怒，对家人吼道："死了也要去！"

总理和马老的友谊几乎延续了半个多世纪。马寅初被国民党软禁，时在重庆的周恩来就曾极力营救。当时，重庆各界举办了规模盛大的马寅初祝寿会，周总理送去的贺联"桃李增华坐帐无鹤，琴书作伴支床有龟"最为引人注目。马寅初还曾向子女们解释这副对联："你们看，共产党并非国民党报纸骂的都是'钻山洞的土匪'，从这副寿联的文化就可见一斑……'桃李'典于'桃之夭夭，其华灼灼'，意我培育了一些学生。鹤、龟都意长寿之物。上联即学生和客人来祝寿，却没有马寅初本人；下联是说那个人哪里去了呢？对牛弹琴去了，别人逼他写悔过书去了！'龟'，这个字用得妙不可言，一语双关，还能寓指总有'归'的时候！共产党救我这个国民党员，胸怀宽广啊！"

经不住各界压力，蒋介石不得不释放马寅初，却在经济上、政治上对他进行各种限制和迫害，这时又是周恩来伸出援手。周恩来对《新华日报》的同志们说："马寅初是一位经得起考验的爱国主义者！我们必须对他全力支持。《新华日报》可以发表他的文章，也可以经常去采访他。"马老后来一直把周视为"患难之交"。

解放后，马寅初任北大校长，曾请毛主席支持他的工作，主席问如何支持，马寅初说："希望主席能够批准：我邀请谁去北大演讲，谁就不能拒绝。"毛主席爽快地答应："这个我可以批准。我可以给你这个上方宝剑！"

后来，马寅初请了很多中央领导去北大演讲，其中周总理就是应马寅初之邀去北大作了《关于知识分子的改造问题》的报告。

1957年春天，马寅初在紫光阁作了关于控制人口问题的发言，当时，毛泽东和其他中央领导对其观点都表示赞同。毛泽东说：马寅初今天畅所欲言，讲得很好。但后来由于错误地发动反右斗争，毛泽东对"控制人口"有了新看法。

"新人口论"观点遭批判后，马寅初一直拒绝检讨，周总理对他作过规劝。马寅初在《新建设》发表一封感谢信：“最后我还要对另一位好朋友表示谢忱，并道歉意。我在重庆受难的时候，他千方百计来营救；我1949年自香港北上参政，也是应他的电召而来。这些都使我感激不尽，如今还牢记在心。但是这次遇到了学术问题，我没有接受他的真心诚意的劝告，心中万分不愉快，因为我对我的理论有相当的把握，不能不坚持，学术的尊严不能不维护，只得拒绝检讨。”

“文革”中特立独行的马寅初

“文革”开始后，无知无畏的“红卫兵”们四处造反。马寅初身边的一位勤杂人员也戴起“红卫兵”袖章。一天，马老正坐在家里，这位勤杂人员突然双手叉腰对他吼道：

告诉你，马寅初，我今天要造你的反！你这个资产阶级反动学术权威，我现在正式警告你：过去你反对毛主席，大肆贩卖什么《新人口论》的黑货，早就罪该万死，现在你还过着地主、资本家的生活。你洗澡，要我给你烧锅炉，整天饭来张口，衣来伸手，臭架子还真不小。

这位勤杂人员的突然发难，让马老有些措手不及，但当他意识到对方是在“造反”后，毫无畏惧之感，而是冷冷地看着对方，一语不发。这位勤杂人员当然知道马老是著名的“硬骨头”，于是用更凶狠的口气威胁：“马寅初你听着：你是老牛鬼蛇神，以后你要听我的指挥！如胆敢违抗，我定饶不了你。”

听了这番话，马老哈哈大笑。面对国民党的枪口都能谈笑自如的他，岂会被几句话吓倒。“文革”期间，这位勤杂人员一直在马家执行监视，但马老我行我素，讲真话的习惯一点未改。一次，听说有人给周总理写了大字报，马老拍案而起：“给周公写大字报？这是为什么？为什么？‘周公吐哺’，这天下还有良心吗？”

马寅初在家中

听到马老的话，那位编外红卫兵像发现敌情一样慌忙过来质问：“马寅初，你胆大包天，说什么？”经此一问，马老更是怒不可遏，锐声喊道：“我说这天下的人没有良心了！你也没有良心！斗争我吧，我明天回嵊县老家去。”因为愤怒，马老掀翻了桌子。

子女出于对父亲的关心，劝他冷静下来，认清形势，紧跟当时的路线。马老闻言勃然大怒。儿子马本初大着胆子和父亲争辩起来：“无怪人家说你没有行动。你说，我们家‘破四旧’一点也没有行动。就这一条，不说那个‘造反派’向他的组织不好交待，就连我们去单位、去学校搞‘兴无灭资’汇报时，也不好交账哩。”

“向谁交账？向康生、陈伯达？”马老反问。

“不管是谁，人家是在执行毛主席的无产阶级革命路线。”

“我看这是坏人在借助钟馗打鬼！”马老一针见血。儿子急了：“您又说错话说反动话了，难道毛主席是——”马老义正词严地说：“毛主席当钟馗我也吼他！”

儿子无奈地摇摇头：“您老没整了。”

见儿子不理解自己，马老讲起故事来：“1944年，傅斯年在国民党政府参议会上，揭发行政院院长孔祥熙在发行美金公债中营私舞弊。会后蒋介石亲自请他吃饭，并为孔祥熙说情。蒋介石问傅斯年：‘你信任我吗？’傅斯年说‘信任’。蒋介石就说：‘你既然信任我，就应该信任我的人。’傅斯年毫不退让：‘我信任委员长，如果说因为信任你也应该信任你用的人，砍掉我的脑袋我也不能这样说！’”

马寅初的“故事”使儿女们陷入深思，从此他们对父亲在“文革”中的特立独行、拒不跟风多了一份理解。

1982年，百岁老人马寅初病逝。有人以这样的文字来悼念他：“人口宏论，富国强民，千秋大业留遗泽；经济巨擘，学桃育李，百代宗师惠众生。”

如果说马寅初的学术著作为我们留下了宝贵的文化遗产，那么，他“言人之欲言，言人之不能言”的勇气，他“单枪匹马，战死为止”的气概，以及“苟利国家生死以，岂因祸福趋避之”的胸怀，对后人来说，则更是一笔难得的精神财富。

马寅初与蒋梦麟：同学不“同途”

张耀杰

1927年12月19日，马寅初在杭州北大同学会组织的校庆集会上，高调发表题为“北大之精神”的演讲：“回忆母校自蔡先生执掌校务以来，力图改革，‘五四’运动，打倒卖国贼，作人民思想之先导。此种虽斧钺加身毫无顾忌之精神，国家可灭亡，而此精神当永久不死。然既有精神，必有主义，所谓北大主义者，即牺牲主义也。服务于国家社会，不顾一己之私利，勇敢直前，以达其至高之鹄的。”

蔡元培的嫡传弟子、马寅初的绍兴同乡和哥伦比亚大学时期的留美同学蒋梦麟，也曾在4年前的12月19日发表过“北大之精神”的同题演讲，其中阐述的是蔡元培校长所代表的更加先进也更加宽容的北大精神和北大主义：“第一，本校具有大度包容的精神……本校自蔡先生掌校以来，七八年间这个‘容’字，已在本校的肥土之中根深蒂固了。故本校内各派别均能互相容受。平时于讲堂之内，会议席之上，作剧烈的辩驳和争论，一至患难的时候，便共力合作。这是已屡经试验的了……第二，本校具有思想自由的精神……本校里面，各种思想能自由发展，不受一种统一思想所压迫，故各种思想虽平时互相歧异，到了有某种思想受外部压迫时，就共同来御外侮。引外力以排除异己，是本校所不为的。故本校虽处恶劣政治环境之内，尚能安然无恙。”

蒋梦麟像

作为国民党的“极左派”党员，1949年以前的马寅初一直是极力主张计划经济的，他以牺牲“一己之私利”为代价“服务于国家社会”的“牺牲主义”与“至高之鹄的”，正是蒋梦麟所谓“引外力以排除异己”的一种表现。套用鲁迅在《上海文艺之一瞥》中的话说，革命的目的“并非教人死而是教人活”的，国家的存在价值同样是保障每一个国民的正当权利和幸福生活，而不是用来牺牲每一个国民的宝贵生命和正当权利的。马寅初“教人死”的“北大之精神”，其实是与当年的“革命文学家”颇为一致的一种让人“知道点革命的厉害”的道德高调。

1929年，马寅初在国民党立法院的一次会议上提出一项计划经济议案：“粮食和食盐，不是一般的商品，是直接关系国计民生的大事，因此，这两种东西不应该由私商经营，而应由政府统一管理、统一调节。”

并不主张大规模计划经济的国民党政府，自然不会采纳这样的议案。在此后的岁月中，主张计划经济的马寅初一直高调反对蒋、宋、孔、陈“四大家族”的官僚资本主义，痛斥国民党政府出卖民族利益，甚至指名道姓批评蒋介石的相关政策，从而赢得包括中国共产党在内的社会大众的普遍欢迎。

马寅初像

与民主人士合影，左起第九人为马寅初

新中国成立后的1951年，马寅初出任北大校长。1957年7月15日，《人民日报》发表马寅初的长篇学术论文《新人口论》，其中较为系统地分析了“人口增长过快”的问题。作为结论，他尖锐地指出：控制人口实属刻不容缓，不然的话，日后的问题益形棘手，愈难解决。

这样一篇忧国忧民的学术论文，偏偏招来举国上下的政治批判。1959年12月，马寅初遭遇一生中最为严峻的考验：一夜之间，上万张大字报出现在北大校园，甚至连他的住处都贴满了人身攻击的大字报。1960年1月3日，在“马寅初不投降，就叫他灭亡！”的政治喧嚣中，他不得不辞去北大校长职务，从燕南园搬回自己的私家宅院东总布胡同32号。

在围绕“新人口论”的学术讨论中，马寅初曾言：“我虽年近八十，明知寡不敌众，自当单枪匹马，出来应战，直至战死为止！”他确实难能可贵地捍卫了自己阐述的“北大之精神”。但是，从北大校史及中国教育史的角度看，他的“北大之精神”，却早已偏离蔡元培“仿世界各大学通例，循思想自由原则，取兼容并包主义”的北大精神了。

同样是在1959年，正在台湾提倡节育人口的前北大校长蒋梦麟，也遭遇了来自政学两界的舆论围剿，甚至有人提出“杀蒋梦麟以谢国人”。幸运的是，这位前北大校长依然拥有“思想自由，兼容并包”的学术环境和社会生态。1959年4月13日，蒋梦麟在记者招待会上公开发表自己的人口宣言《让我们面对日益迫切的台湾人口问题》，表态说：“我现在要积极地提倡节育运动，我已要求政府不要干涉我。如果一旦因我提倡节育而闯下乱子，我宁愿政府来杀我的头，那样太多的人口中，至少可以减少我这一个人。”

与马寅初一直坚持政府主导下的计划经济及社会运动不同，蒋梦麟提倡的节育运动并不是强制性的政府行为，而是由国际性民间组织“中国农村复兴联合委员会”（简称农复会）负责实施的农村经济复兴运动的组成部分。农复会除了在技术上给予大力支持外，还每年补助数十万至数百万元不等的经费，用于培养乡村公共卫生护士，以便直接面向农村育龄妇女推广家庭节育知识和节育办法，从而赢得了广大民众的配合。台湾地区的节育运动不仅明显提高了当地农民的生活水平，而且迅速改善了新生儿的健康状况。

北大校长蒋梦麟的“北大之精神”是“循思想自由原则，取兼容并包主义”，所以有了他此后提倡的“节育运动”；北大校长马寅初的“北大之精神”是“服务于国家社会，不顾一己之私利”，所以有了他此后提倡的政府强制“控制人口”——对比两人几十年前的思想、行为，不禁令人深长思之。

右起李大钊、胡适、蔡元培、蒋梦麟

鲁迅为何拒绝诺奖提名

傅国涌

鲁迅像

中国人是有诺贝尔奖情结的。作为20世纪中国最伟大的作家，鲁迅先生对于这个奖及本国文学却有着清醒、理智的认识。

早在1927年，瑞典考古探险家斯文·赫定来中国考察研究时，就和鲁迅的北大老同事刘半农商量，想提名鲁迅为诺贝尔文学奖候选人，并通过鲁迅的老朋友台静农写信征询鲁迅本人的意见。鲁迅毫不犹豫地拒绝了。这在今天的国人看来简直不可思议。这样的好事求之不得，鲁迅为什么要拒绝诺贝尔文学奖提名？他自己有着怎样的解释？

鲁迅当时的写作状态和生活状态

先看看鲁迅走过的道路。他当年在日本的学业没有完成便踏上文学之路，身无分文，心忧天下，和弟弟周作人一起翻译外国小说，办文学刊物。有个同学叫蒋抑卮，家里是开绸庄的，祖籍绍兴，与鲁迅私交很好，赞助了印刷费两百元。但鲁迅在日本最初的文学活动，毫无反响，杂志没办成，翻译的小说印出来卖不动。出师不利，使鲁迅认识到不可能靠文学吃饭。

回国之后，理智的鲁迅当然没有选择文学道路，而是在杭州、绍兴教书育人，养家糊口。人首先要吃饭，钱是重要的，这一点他一生都很清楚。辛亥革命后，欣赏他的同乡前辈蔡元培做了教育部部长，经好朋友许寿裳推荐，鲁迅有机会到教育部工作。从1912年到1926年的14年间，鲁迅的职业身份都是教育部的公务员，写作是业余的，主要是晚上的事。鲁迅在文学道路上的转机出现于1918年5月，他在《新青年》杂志上发表《狂人日记》。写白话小说他不是第一人，但是他的这一篇石破天惊，这也是他第一次使用“鲁迅”这个笔名。胡适出名时不过二十几岁，而这一年的鲁迅，已经38岁了。其实1918年以前，鲁迅的生活是比较灰暗、孤独的，他自己说抄古书、古碑，似乎是看破了红尘。

值得注意的是，鲁迅在《新青年》发表文章是没有稿费的，这是个同人刊物，大家都是义务写稿。所以鲁迅早期不是靠写作吃饭的，他的收入来自教育部的工资和兼职讲课费。鲁迅依靠文学写作获得生活保障是从1923年以后才变成可能的，不过那时他依然没有想过放弃职业，专心从事写作。1926年7月离开北京南下，他先是到厦门大学做教授，半年后到广州中山大学做教授，不到半年，又放弃了这份有500大洋一个月的职业（大致相当于现在的人民币17500元）。

离开大学的岗位，47岁的鲁迅面临新的选择。从1927年10月到达上海，直到1936年10月去世，这生命中最后的9年他做了一个正式的自由撰稿人。鲁迅靠写作过上了小康生活，看得起电影、上得起饭馆、吃得起药，还能经常接济一些文学青年。

鲁迅一生大约在103种报刊上发表了742篇文章。进入1934年，鲁迅已出版的著作全部成了禁书，他经常投稿的《申报·自由谈》先后两任编辑黎烈文、张梓生被迫离开，其他几个常往来的报刊也被查封。11月，《申报》老板史量才被国民党军统特务暗杀。

青年鲁迅

12月，他有点悲凉地在一封信中说："在日报上，我已经没有发表的地方。"但这只是一个方面，否则鲁迅怎么生活下来？

国民党不断查禁鲁迅的书、查禁他编的刊物是事实，但是效果很不好，因为国民党没有做到"普天之下，莫非王土"，上海还有外国租界，那些"诋毁党国"、"诱惑青年"的书刊，可以在租界书店里堂皇出售。举个例子，1933年，"左联五烈士"被杀害已整整两年，当时上海的报刊都不敢说这件事，鲁迅愤怒地写下一篇《为了忘却的纪念》，《现代》杂志的编辑施蛰存回忆说，这篇文章在两个杂志的编辑室里搁了好几天，编辑都不敢用，这枚"炸弹"转到他手里，他也有点犹豫，请老板张静庐先生拿主意。张考虑了两三天，最后决定："上！"理由有两点：第一，舍不得鲁迅这篇异乎寻常的杰作被扼杀，或被别的刊物取得发表的荣誉。第二，经仔细研究，这篇文章没有直接触犯统治者的语句，在租界里发表，算不上什么大罪。

"还是照旧的没有名誉而穷之为好罢"

租界实际上提供了一把文化保护伞。鲁迅住在租界，个人安全基本没有问题。况且，国民党内部从来都不是铁板一块，不同的人在性格、人品、思想上也有差异，鲁迅的同乡中就有一直爱护他的人，如蔡元培、陈布雷、邵力子等，这些人都是身居高位并有发言权的。

当年左翼文学走红之后，杂志只要登鲁迅的文章，销路就有了保险，只要有两种鲁迅的书，开起书店来就可以发达。碰上有些作品书店不敢出，鲁迅还可以自己印刷出版，随便编一个出版社的名字（比如“三闲书屋”之类）。1932年冬天，鲁迅讲过这样一个故事：号称上海“文化街”的四马路上，集中着大大小小的书店，国民党特务看到许多书店里摆的都是左翼的书刊，读者买的也多是这一类书和杂志，而他们经营的书店门可罗雀。他们把左翼书刊卖得最兴旺的一个书店老板抓了起来，审问他为什么不卖右翼的书刊？为什么爱卖左翼的书刊？书店老板回答：“我们老板，将本求利。我不懂左翼右翼，我只懂算盘。”“算盘”这两个字，鲁迅是用很浓重的绍兴口音讲的，在座的多数是北方人，没有听懂，几个南方人则会心地笑了。鲁迅又把这几句话重复了一遍，他在用普通话讲的同时，还伸出左手掌，右手的指头在掌心上做拨打算盘珠子的样子。这一下，在场的人都明白过来了，哄堂大笑。

鲁迅其实不主张赤膊上阵和国民党拼命。他主张打“壕沟战”，认为“战斗当首先守住营垒，若专一冲锋，而反遭复灭，乃无谋之勇，非真勇也”。在他眼中，用真姓名无异是“无谋之勇”。他自有与国民党检查官玩游戏的手法。办的刊物往往出一期就被禁了，怎么办？换一个名称再出版。比如《萌芽》不行了，改名《新地》再办，《前哨》不行了，改名《文学导报》继续，《拓荒者》不行了，改名《海燕》……当然，这些刊物最后都没能逃脱查封、停刊的

三味书屋

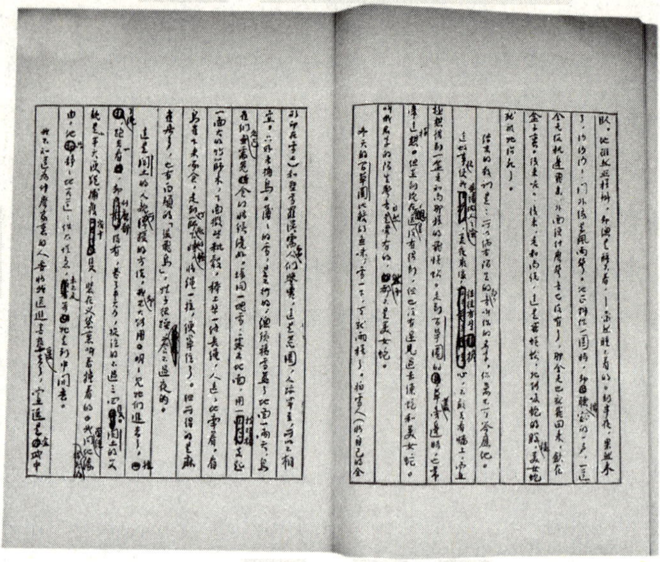

鲁迅手稿

命运。还有一个手法就是他津津乐道的“笔名”战术，有人统计过，鲁迅一生至少用过130个以上的笔名，其中光是在《申报·自由谈》就用过41个。他自己说过，不断地变换让人防不胜防的笔名，就是为了和检查官们打一仗。胡适却主张“真姓名，负责任”，这是两种不同的选择。

晚年鲁迅大受左翼青年的欢迎。他曾经向往苏联，苏联也曾请他去参加在莫斯科举办的国际进步作家大会，他没有去。1932年冬天，鲁迅谈及此事时说，能够去列宁的家乡，亲眼看一看世界上第一个社会主义国家，他确实很向往，而且在那里能见到许多来自世界各国的著名作家，当然是难得的机会。但他认为在国民党统治下，自己的活动受到严重压迫，写的文章经常被检查或扣压，但总还可以千方百计地冲出一些，能发挥些作用。“我未去苏联已被诬为拿卢布的人了，如果去苏联公开参与盛会，那我回国后写作活动就更困难了。”经过再三考虑，他谢绝了邀请。从鲁迅自己的话不难看出，他在意的不是文学成就，而是发表文章，发挥一些作用。

这是他的真心话，所以他会毫不犹豫地拒绝世人趋之若鹜的诺贝尔奖提名。

从1927年9月27日鲁迅写给台静农的信来看，他对“诺奖”提名的拒绝不仅仅是谦虚：

九月十七日来信收到了。请你转致半农先生，为我，为中国。但我很抱歉，我不愿意如此。

诺贝尔赏金，梁启超自然不配，我也不配，要拿这钱，还欠努力。世界上比我好的作家何限，他们得不到。你看我译的那本《小约翰》，我哪里做得出来，然而这作者就没有得到。

或者我所便宜的，是我是中国人，靠着这“中国”两个字罢了，那么，与陈焕章在美国做《孔门理财学》而得博士无异了，自己也觉得好笑。

我觉得中国实在还没有可得诺贝尔赏金的人，瑞典最好是不要理我们，谁也不给。倘因为黄色脸皮人，格外优待从宽，反足以长中国人的虚荣心，以为真可与别国大作家比肩了，结果将很坏。

鲁迅的话虽然有些尖刻，却是一语中的。对自己的文学成就，他当然有谦虚的一面，但更多的是他对自己深爱的民族弥漫的虚荣心、虚骄之气最清醒、最彻底的认识，他内心是多么渴望这个民族能站起来。

此外，鲁迅对自己也不无担心。他怕接受了诺贝尔文学奖的崇高荣誉后，没有条件安下心来从事文学创作，写不出什么好作品，有负这一荣誉。他说：“我眼前所见的依然黑暗，有些疲倦，有些颓唐，此后能否创作，尚在不可知之数。倘这事成功而从此不再动笔，对不起人；倘再写，也许变了翰林文字，一无可观了。还是照旧的没有名誉而穷之为好罢。”

事实上，自从《呐喊》、《彷徨》两本小说集之后鲁迅没有再写小说，在上海的最后9年只完成了一本历史小说《故事新编》。他曾构思一部长篇小说，反映包括自己在内的四代知识分子命运，终未完成。由于时代及个人的种种原因，他把主要精力用于杂文创作。鲁迅知道中国新文学起步仅仅10年，用世界文学的尺度来衡量，中国确实还没有产生足以获诺贝尔文学奖的作家、作品。鲁迅是明智的，不会被诺贝尔奖的光环照晕了头。他虽然为此失去了获诺奖提名的机会，但无损于他在中国文学史乃至世界文学史上的地位。

还记得晏阳初吗?

晏鸿国

他是最早“下乡”的留洋博士。他常说,“三C”影响了我一生。孔子(Confucius)、基督(Christ)和苦力(Coolies)。他与爱因斯坦等一起被评为“现代世界最具革命性贡献的世界伟人”。

晏阳初像

他是中国平民教育运动发起人之一,也是“新农村建设”的先驱,但这位“国际平民教育之父”,曾被中国遗忘了近半个世纪。

1943年5月24日晚,纽约的卡立滋堂一片欢腾,来自西半球的180名杰出的科学家、教育家聚集在这里,祝贺新选出的10位“现代世界最具革命性贡献的世界伟人”。在这十大伟人中,除了早已名扬海内外的爱因斯坦、杜威等人,还有一位年轻的东方人,他就是世界著名的平民教育家和乡村改造运动的奠基人晏阳初。

“这代价要一个中国人来付,太高了”

晏阳初于1890年生于四川省巴中县城内一个世代书香之家,

13岁被父亲送到由基督教内地会创办的西学堂读书。他曾在《九十自述》中说：“父母在科举未废止前替我选了一条新的道路。这抉择是我生命中的转折点。”1913年秋，晏阳初以第一名的成绩考入香港大学，按该校的规定他可以得到1600元英皇爱德华第七奖学金，但当校长告诉他必须加入英国国籍才能得到这笔钱时，他十分气愤：“这代价，要一个中国人来付，太高了！”他的民族气节感动了当时的港大师生。1916年，晏阳初于香港大学政治系毕业，登上西去海轮，赴美国耶鲁大学深造。

威廉·塔夫特教授是美国第27任总统，卸任后到耶大政治系讲授“美国宪法”。他平易近人，治学严谨，对美国政府的排华政策极为不满。受这位老师的影响，晏阳初在查阅了大量资料和认真研究了美国移民法后，以“从美国宪法论排华的不合正义公理”为题，参加学校的演讲比赛，表示抗议。他曾深情地说：“我在耶大两年，最大的收获不是一张文凭，而是懂得了民主。”在耶大的同学中，晏阳初有两个好友，一个是塔夫特的儿子查理，另一个是石油大王洛克菲勒的儿子威廉。这两位好友身上丝毫没有富家子弟的骄矜恶习，他们后来都成为晏阳初事业的积极支持者。

“我原想教育华工，没想到他们竟教育了我”

第一次世界大战时期，英法两国在中国招募了近20万华工到法国战场做战勤工作。他们被歧视为“苦力”，整天干着挖战壕、抬伤兵、运送弹药等繁重的工作，还常常受到英国军官的打骂。

晏阳初通过基督教青年会了解到华工们的情况后，非常同情他们。在毕业的第二天，他便报名参加了基督教青年会组织的华工服务中心，到法国战场为华工服务。他被分配到法国北部的一个有五千华工的华工营。一天晚上，一个华工来到晏阳初房中，求他代写家信，晏阳初欣然应允。从此，每晚来求他写信的华工络绎不

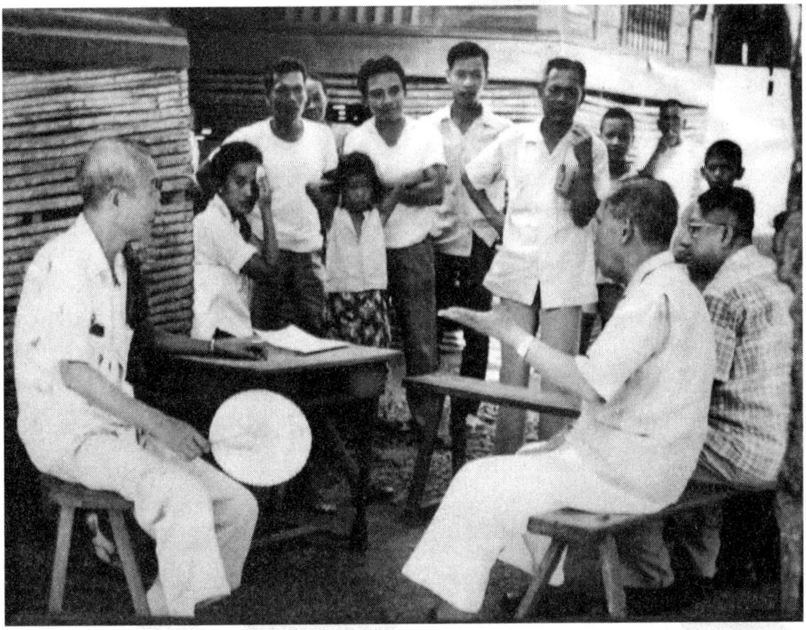

晏阳初与菲律宾农民交谈

绝，后来甚至发展到上百人排队等候。这使晏阳初萌生了教华工识字的想法，“授人以鱼，不如授人以渔”，他动员了四十多名华工，办起了识字班。

晏阳初没有止步于教华工“识字”。他认为还必须对华工进行继续教育，于是办了一份《华工周报》，其宗旨是提高华工的社会意识、民族觉悟，启迪他们的知识能力。《华工周报》发行数月后，晏阳初收到了一位华工的信，这位华工为了表示对晏阳初和《华工周报》的感激，决定捐出他在法国战场上3年的积蓄365法郎。晏阳初被深深地感动了，他说：“我去法国，原是想教育华工，没想到他们竟教育了我。”从那时起，“我立志回国以后，不做官，不发财，把我的终身献给劳苦的大众”。晏阳初从此走上了平民教育这条崎岖漫长的道路。

毛泽东做过平民教育学校的义务教员

1920年秋，晏阳初谢绝友人的挽留回到祖国，就任中华基督教青年会全国协会平民教育科主任干事。在对全国19个省的教育和人民生活状况进行考察后，他首选长沙进行平民教育实验。长沙的实验得到社会各界的热烈拥护和积极支持，仅3天时间便招收学生1900名，征聘义务教员120名，开办平民学校70多所。这120名义务教员中就有青年毛泽东。后来有研究者认为，就是在那时毛泽东受到了晏阳初的影响，觉悟到民众的重要性。

1923年8月，中华平民教育促进总会在北京成立（以下简称平教会），熊希龄夫人朱其慧任董事长，晏阳初任总干事。执行董事中有陶行知、张伯苓、蒋梦麟等人。全国各省纷纷成立分会，一场声势浩大的平民教育运动迅速在全国各地展开。

1924年6月末，张学良邀请晏阳初到沈阳，参加东三省奉军识字教育班的开学典礼。到沈阳后，晏阳初按照预定方案主持由300名军官组成的识字训练班，仅一个月后便取得良好成绩。可惜在他离开后不久，直奉战争爆发，奉军匆匆赶赴前线，识字训练自然中断了。这次交往，使张学良对晏阳初有了深刻印象。4年后，张学良以捐款800万大洋支持平教会为条件，邀请晏阳初为他主持政治工作（出任东北行政院院长）。晏阳初拒绝了，推行平民教育在他心目中的位置高于

晏阳初骑驴下乡

做官。但不久，平教会遭奉军包围，晏阳初的助手陈筑山也被关进了监狱，晏阳初生气了，直接致电张学良要人。

等晏阳初赶到奉军看守所时，发现他的助手正在监狱里教狱卒识字呢！陈筑山说："关在监狱里，同样可以开展平民教育。"

"欲'化农民'，须先'农民化'"

1929年，平教会在考察后确定以河北定县为农村平民教育的实验区。定县实验是平民教育运动的一个转折点，它认定了以农村为主的发展方向，并把单纯的识字教育提高到对整个农村社会的改造。晏阳初认为中国农村的症结是"愚、贫、弱、私"四大病症，因此平教会相应地制定了四大教育方针（文艺教育、生计教育、卫生教育、公民教育）和三大教育方式（学校教育、社会教育、家庭教育），通过"四大教育"培养农民的知识力、生产力、健康力、团结力，这就是后来被称为"定县经验"的核心内容。它不仅为当时中国农村的建设提供了成功的典范，至今还被许多国家的乡村建设作为蓝本。

晏阳初曾告诫同人："我们知道自己不了解农村，才到乡间来求知道。我们不愿安居太师椅上，空作误民的计划，才到农民生活里去找问题，去解决问题，抛下东洋眼镜、西洋眼镜、都市眼镜，换上一副农夫眼镜。换句话说，我们欲'化农民'，我们须先'农民化'。"（《晏阳初全集》）他也确实做到了这些，本不抽烟的他在田间和农民闲谈之时，会拿过农民的旱烟管呛几口，还夸赞"味道不错"。他甚至学会了用当地土腔与农民说话。

为了改善定县农民的生活，晏阳初和平教会做了许多工作。定县原来的猪种不好，个头小生长慢，平教会专门引进国外的波斯猪与当地猪杂交，培育出新的品种，"定县猪"时至今日依然是全国优良猪种之一。当发现定县的本地鸡一年只能下68个蛋时，晏阳初说:“中国的母鸡已经下了3000年的蛋，它们大概是太累了。”晏阳初引进美国的来亨鸡，与本地鸡杂交后产生新品种母鸡，一年可下168个蛋，这些趣事一时间成了定县百姓口口相传的佳话。

70多年后，一批知识分子重新办起了“晏阳初乡村建设学院”，被称为“温三农”的温铁军是发起人之一。70多年前的传统终于被接续上了。

“委员长”不听劝告“失去中国”

20世纪30年代初，国民党内政部部长到定县视察后，对定县的乡村工作极为赞赏，因此南京政府通过决议，全国各省设立乡村建设研究院，并划出一个县做试点。但由于日本步步进逼,1936年，晏阳初领导的平教会不得不撤离定县。

1937年，晏阳初接到湖南省的邀请，说蒋介石要晏阳初帮助动员3000万民众抗日。国民政府邀请各党派代表及学者名流16人组成最高国防参政会，晏阳初被推选为参政员，负责川湘两省民众的组织、训练工作。对于这场关系国家生死存亡的民族战争，晏阳初认为:“必须依靠全民的动员，大家来共同负担民族生存的伟业。”晏阳初应张治中之邀培养了数万名干部，撤换了原来2/3不合格的腐败领导，使湖南省的行政系统得到完全的改造，真正具备了领导民众的能力。这也是中国历史上第一次大规模的基层政治改造。这些工作对后来湖南能顶住日本的进攻起到了关键作用。

1945年，晏阳初与蒋介石会面时曾说:“我们人民遭受了21年的内战，他们流尽了鲜血。现在该是为农村的大众干一些事情的时候了。”蒋介石回应:“你是个学者，我是个战士。”晏阳初说:“委员长，如果您只看到军队的力量，而看不到人民的力量，那么您会失去中国。”可惜那时的蒋介石没有意识到此话的重要性。历史的改变，也许就在一念间。

提出“第五种自由”

早在1933年，埃德加·斯诺参观定县后写道：“他是一位有才干的学者，一个有独创的教育家……他领导的运动一旦成为革命的强大运动，势必超过中国军人多年来打来打去的放荡行动。”

1982年晏阳初在纽约寓所留影

1941年罗斯福曾发表文章提出了著名的“四大自由”。晏阳初却在此基础上补充了“第五种自由”：人民要有“免于愚昧无知的自由”。

1989年美国总统布什在给晏阳初的生日贺词中说：“通过寻求给予那些处于困境中的人以帮助，而不是施舍，您重申了人的尊严与价值。”晏阳初，这位中国人民的儿子，早已成为世界公民。

1990年，一代“平民教育之父”于纽约寓所辞世。人们将记得他曾这样说：“我们都希望有一个更好的世界，但其确切含义是什么？世界最基本的要素是什么？是黄金还是钢铁？都不是，最基本的要素是人民！在谈及一个更好的世界时，我们的确切含义是需要素质更好的人民。”

1925:“歧路”上的胡适

邵　建

胡适像

“1925年我应韦莲司教授的邀请，到他家里茶叙，曾与这位奇女子相见。她恳切地向我探问胡先生的近况。我就我所知道的报告她。她听了赞美地说：‘他正在创造历史。’”

这是留美博士萧公权晚年关于康乃尔大学的一段回忆。他提到的那位“奇女子”，正是胡适留学时的美国女友韦莲司。韦莲司并非不知道胡适回国后的情况，因为胡适在书信中对自己在国内的表现并不避讳。韦莲司只是从一个中国学生那里获得了证实。她的赞美是由衷的。问题是，情况真的如此吗？

胡适“正在创造历史”吗？

1923年3月12日，胡适信致韦莲司，他这样向她汇报回国几年的“业绩”：

说到中国文学革命，我是一个催生者。我很高兴地告诉你这件事差不多已经完成了……我怎么也想不到我所遭遇到最危险的敌人竟是这个轻易的成果。我似乎一觉醒过来就成了一个全国最受欢迎的领袖人物。去年一月在一个由上海周报所举办的一次公众投票中，我获选为“中国十二个最伟大人物”之一。很少有人能理解到：与暴得的大名斗远比与反对的意见斗更艰难！（周质平《胡适与韦莲司深情五十年》）

从1917年到1925年，胡适回国后的声望经历了一个由上往下的大幅曲线。当韦莲司1925年称赞胡适“正在创造历史”时，她其实不知道，这不但是胡适声望下降到最低的年份，而且胡适在年轻人的心目中已经走向反面。颇能说明问题的是，也是在这一年，一个曾经的北大学生在致胡适的公开信中声称，胡适从“百尺竿头掉下来”。

这一年，胡适到底是“正在创造历史”，还是“百尺竿头掉下来”？如果远在北美的韦莲司无从知道，但胡适自己却是知道的。问题是，短短几年间便发生逆转。这一切是怎么发生的呢？

回望胡适回国之初，是借新文化运动之势崛起。尚未回国之前，《新青年》就发表了他的《文学改良刍议》，看起来，这是新文化运动之始，但真正蔚然成势的，却是后来陈独秀的《文学革命论》以及北大教授钱玄同的支持和介入，甚至包括钱玄同和刘半农假借莫须有的王敬轩而自编自演的那场苦肉计。所谓时势造英雄，是那个时代需要一个胡适，如果没有胡适，也会制造出一个张适或李适，并非胡适本人在实力上一定拔了头筹。话虽如此，但毕竟，新文化运动造成声势的起点，就是胡适的“改良刍议”，这是绕不过去的历史关节。

胡适在新文化中的表现，主要体现在两个方面：一是作为新文化主体的白话文运动，一是新文化运动中传播西学的思想启蒙。这两个方面都能满足当时年轻人求新求变的精神需要，因此获得声誉。另外，在公共领域之外，胡适以不到30的年龄荣膺北大教授，而他的弟子傅斯年、顾颉刚等在国学功底上非但不亚于他，甚至有些超出。更何况那些实力派的同事，更是用眼睛盯着盛名之下的他。环境的压力，迫使胡适发奋著述。1919年，《中国哲学史大纲》（上卷）在商务印书馆出版，又使北大的胡适在学术上站住了脚。这时的胡适，得尽天时地利人和，可谓如日中天。

胡适回国之始，曾自发其誓：20年不谈政治。他和鲁迅一样，试图从思想文化的角度，改造国民，改造社会。假如他能够恪守其言，仅仅在思想、文化、学术上着力，不逾矩、不出位，其声望或许低落，但毕竟可以维持。然而胡适按捺不住早在美国形成的"舆论家"的志愿，开始想在政治舆论乃至政治运作上发言。一个重要的标志，就是于1922年开始主编《努力周刊》。办刊的直接动因，便是陈独秀被捕，胡适接办《每周评论》后旋即被封，这使胡适产生不能不谈政治的感觉。这样一个政论刊物，刚打出旗帜，就遭到一些青年人的质疑，比如鲁迅的同乡弟子孙伏园致信胡适，表示的意思是：文化比政治更重要，从大多数没有知识的人当中，不可能产生好政治。胡适抛弃思想文化上的事业，来写《政论家与政党》之类，实在是不值。信的最后，孙恳切表示，他要替文化史夺回被政治史拉去了的胡适。此时的胡适，以《我的歧路》为题，慨叹自己来到了一个和以前不同的歧路上。这是一个三岔口："哲学是我的职业，文学是我的娱乐，政治只是我的一种忍不住的新努力。"但这种"新努力"却成了胡适的"不归路"。哲学，胡适终于没能做下去，学术史上他给我们留下的是中国哲学史的"半卷遗恨"；至于文学，胡适自知缺乏这方面的才质，他曾借重龚自珍的句子自我调侃"但开风气不为师"；只有政治（同时包括思想文化）成了胡适的终身关怀（但并非唯一关怀）。胡适渴望他在美国习得的自由民主在中国制度化，并为此付出了一生的努力。然而，历史似乎和人开玩笑。胡适不但生前没有看到自由民主在中国成为一种制度，而且，恰恰是在政治上，胡适被年轻人所代表的那个时代潮流视为反动。

胡适与美国总统罗斯福

“歧路”上的胡适向何处去

当然，政治成为胡适的“滑铁卢”，并非仅仅在于胡适谈政治，问题更在于他如何谈。从根本上说，胡适不是一个激进的人，即使在文学革命上，他也是被裹挟到那个地位。这从新文化运动两篇“开山作”的题目就可以看出。胡适的题目很谨慎，是《文学改良刍议》，陈独秀不然，直呼为《文学革命论》。“改良”与“革命”最终成为这两个朋友之间的价值分野。在比较的意义上，可以发现，即使在文学革命中，胡适也是一个“改良派”。当他从文学领域进入政治，依然恪守的是“改良”思想。提倡改良之于胡适其实很自然，一则他生性温和，二则这是他在美国的习得。他的美国老师杜威就是个尺长寸进的社会改良主义者。陈独秀呢，不仅天性激烈，好骛极端；而且他的思想背景的主色调是法国和法国大革命。在文学领域，他要把胡适的文学改良升华为文学革命。从文学到社会到政治，“革命”逻辑当然也一以贯之。

胡适夫妇像

也就是说，陈独秀是一个单一主义者；胡适在思想上是一个自由主义者，而在政治上，却是一个保守主义者。看起来，这是一种精神分裂，但其实是一种社会观上更为复杂的多元主义。一味地改良，或者一味地革命，有时不免陷于简单。如果说，胡适的改良在文学上被陈独秀裹挟了去，那么，在社会政治领域，陈独秀不断希望胡适再进一步、再进一步，但胡适已经无以前进了。他最终没能越过“革命”这道铁门限，不仅与陈独秀分道扬镳，而且还注定要成为“革命”作为世界潮流的那个时代的落伍者。

胡适刚过而立之年，在改良的一面外，“偶尔露峥嵘”，还有旺其血气的一面。比如，他写过夜半惊醒的“炸弹”诗，满纸是暴力，也在《努力》上发表“干/干/干”的“努力歌”，几乎就是不明所以的鼓动，但这样的内容，哪怕是词句和节拍，都能赢得年轻人的喝彩。因此，年轻人对他的弃取，事实上是有一个以观其变的过程，但看“歧路”上的胡适往哪个方向走。

这不妨视为个例。胡适的政治主张提出后，北大一些学生郑振夏、董秋芳等致信胡适，他们提出一个要害的问题便是：“你们没有明白告诉我们的——还是取革命手段呢？还是取改良手段呢？还是先破坏后建设呢？还是在恶基础上建筑‘好政府’呢？”

这样的论调和胡适的“炸弹”诗倒不无吻合。胡适这样回答了他们：“可改良的，不妨先从改良下手，一点一滴地改良他。太坏了不能改良的，或是恶势力偏不容纳这种一点一滴的改良的，那就有革命手段的必要了。”是审时度势，还是在改良与革命之间模棱两可？以后，作为鲁迅同乡和学生的董秋芳又曾登门拜访。然而，胡适这个人温和理性的时候多，偏于激情的时候少。当他们上门时，胡适的激情像打摆子一样已经过去了。据董秋芳在后来致胡适信中的自述，他们“在先生家里谈起，先生便郑重地说：你们要放手枪炸弹，去放就得了”。显然，胡适的话不是支持而是讽刺。本来董秋芳们还“以为先生是打破恶势力的急先锋”，然而，胡适让登门的他们失望了。

没有让董秋芳失望的是鲁迅。鲁迅是个革命家，他的社会思想在于“改革最快的是火与剑”。董秋芳受过鲁迅的亲炙，他以后走上革命道路，应该与鲁迅的感召有关。作为北大学生的董秋芳，同时接触胡适与鲁迅，他在胡、鲁两人之间的弃取可谓有相当的典型性。

“百尺竿头掉下来”

应该说董秋芳登胡门时，就胡适而言，改良还是革命，只是观念上的不同，尚未涉及社会具体事务。因此，年轻人对胡适的热情尚有一定保留。然而，1924年底，冯玉祥驱逐溥仪出宫，胡适当

胡适给情人韦莲司的明信片

即为溥仪辩护，情形立刻就不同了。因为这是和复辟联系在一起的事。紧接着，胡适不爱孙中山“国民革命”的高调，转而出席段祺瑞的“善后会议”，这更惊动了新闻视听，因为它属于和军阀同流合污了。两事迭出，情势丕变，尽管胡适自己尚未察觉。在那个不革命即落后的时代，如果再有复辟、合污，无论胡适出于什么理由，也无论我们今天可以给予同情之理解，放在当时，放在普遍激进的年轻大学生那里，已然“是可忍，孰不可忍”了。

1925年1月，董秋芳在致胡适信中不客气地说：“……数年前先生所提倡的思想革命、文学革命等新文化运动，原来是窃猎浮誉，以为现在活动的一种步骤（笔者案：‘现在活动’指胡适参加善后会议）……已经‘从百尺竿头掉下来’的胡先生呵，如果你再愿意牺牲‘新文化运动’的荣衔，去参加少数人宰割全体民众的善后会议，恐怕一试之后，便不容你再试了。”

1925年8月，上海学生联合会致信胡适，指责：“比年以来，先生浮沉于灰沙窟中，舍指导青年之责而为无聊卑污之举，拥护复辟余孽……呜呼，首倡文学革命之适之先生乎！”1925年9月，胡适应邀到武汉武昌大学讲演，之后，该校青年职员李翊东针对胡适的要求学生“闭门读书，不管闲事”，在信中质问：“试问你来是不是运动复辟呢……”

另外，胡适在武汉讲演所记的《南行日记》中，也保留了一些来自青年学生的攻击，作为史料，不妨继续摘出几条：

“胡适之在中国最近文学革命上有相当的功绩，但是他思想的进步也就止于此了，就不能与时代俱进了。因其不能与时代俱进所以做出一些七颠八倒的事来……”

“胡先生遇事处处怀疑的态度去尝试，是说：‘无论那一件事是好是歹，是杀人放火，是降志辱身，我都是尝试的，并不负什么责任。’胡先生，你的乖巧，比那八大胡同的名妓还要可爱，不过你的姘头已经很多了，味已尝够了，你那清倌人招牌下了罢！江汉不少的游女，你不来好了。”

这样的语气句子乃至词汇，不独出自学生，就是共产党人瞿秋白也运用得十分娴熟。1925年，他在指责梁启超对五卅运动的态度时写道：“可爱的梁启超！你见什么人说什么话，我的乖乖，你实在讨人欢喜。足见你不是初出茅庐的清倌人，却是老于世故的混倌人。难怪外国报这样称赞你……”（瞿秋白《可爱的梁启超》）两下比对，如出一辙。

以上对胡适密集的讥讽、指责、谩骂，都集中于1925年。这一年的胡适，不是韦莲司所说的“他正在创造历史”，而是正在走向“历史”的反面。新文化运动后的胡适没有“百尺竿头，更进一步”，而是“从百尺竿头掉下来”。这个比喻，形象地表述了胡适在那个时代的命运。胡适是那个时代的“他者”、“异类”，从根本上来说，他不属于那个时代，也跟不上那个时代。那个时代是狂飙突进的，它属于陈独秀鼓动下或鲁迅感召下的青年，尤其是青年中的“精英”。胡适并非不想抓住青年，他也不避讳要承担“青年导师”的责任；但，指导青年，你得站在青年的前面。青年在其青年的年龄，为热血所激，总是呼啸有声、一往无前。一旦落到他们的后面，就别再想抓住了。

胡适有意，青年无情。11年后，当周作人致信胡适：“我们平常以为青年是在我们这一边”，始终不肯学时髦的胡适说：“我在这十年中，明白承认青年人多数不站在我这一边……”这其中，有没有一种殊深的感慨？

胡适的1925，是他个人声望的一个历史转折。这一年，时代落选了胡适，胡适输掉了青年。

“性博士”张竞生

王开林

张竞生像

20世纪20年代，编纂《性史》的张竞生、主张在美术课堂中公开使用人体模特儿的刘海粟以及谱写“靡靡之音”《毛毛雨》的黎锦晖，被传统势力指斥为“三大文妖”。在卫道士们看来，“三大文妖”及陈独秀、蔡元培、鲁迅、胡适等人无疑是开启潘多拉匣子的罪魁祸首，要对世道人心的日益败坏负主要责任。在“三大文妖”中，张竞生遭到最深的误解、最多的诟骂，不仅旧派人物看他不顺眼，连一些新派人物也站在他的对立面。大儒梁漱溟“谅解其人与下流胡闹者有别”，这样的高姿态已属难能可贵。张竞生得了个“性博士”的花名，被人斥为“下流坯”，可谓谤满全国，蚁满全身。其直接后果是，张竞生早早地被撵出了学术领地，被剥夺了话语权，唯有独守一隅，默默而终。

历史会将他彻底遗忘吗？不大可能。他毕竟是20世纪20年代最有胆、最有识、最有趣的人，像他这种五星级的“怪物”，放眼现代中国，充其量也不会超过30个。

天生不安分

张竞生（1888~1970），出生于广东饶平县，幼名江流，学名公室，1912年底赴法留学后改名竞生，取达尔文“物竞天择，适者生存”之意。张竞生的父亲壮年时曾到新加坡淘金，颇有些积蓄，回饶平后，买田造屋，还娶了一房姨太太。他童年不快乐不幸福的最大根源是他父亲所娶的小老婆阴险狠毒，逼得他两位哥哥去南洋做工，还逼得他两位嫂嫂相继服毒自杀。他对旧式家庭的冷酷无情和惨无人道体验良深。

好在还可以求学念书。张竞生读完汕头的同文学校后，即入广州的黄埔陆军小学，这所学校由两广总督兼任总办，来头不小。他若好生熬到毕业，将来混出点名堂并不难。可是他天生不安分，暗中偷看中国同盟会的机关刊物《民报》还是小错，居然与姓韦的监督对着干，带头剪辫子，闹食堂。被黄埔陆军小学开除后，他作出一个大胆决定，与另一位同学结伴前往新加坡，投奔孙中山。孙中山并未接纳这两位懵懂青年。此前孙得到消息，清廷已派枪手到新加坡暗杀他，出于防范，他以养病为由对来历不明的客人一律避而不见。张竞生在新加坡熬了一个多月，最终耗尽盘缠，一无所获，唯有怅然而返，回到饶平，遵父命娶了一位15岁的女子为妻。这种盲婚，毫无爱情基础，很难让他留恋。他逃避家庭去上海求学，入法国教会所办的震旦学校。一学期后跑到北京，考入京师大学（北大前身）法文系，谋求深造。

一天，革命党人张俞人找到张竞生，告诉他汪精卫因刺杀摄政王载沣，被囚禁在刑部大狱里，极有可能被杀头，同盟会拟设计营救，请他从中出力。张竞生闻言，又惊又喜，但此事未遂。1911年10月，武昌新军发难，汪精卫获释，张竞生加入汪氏组织的京津保同盟会，得到汪的赏识。1912年，中华民国临时政府稽勋局遴选合格的革命青年以官费生资格赴东西洋各国留学，公布的头批25人名单中为首5人是：张公室、谭熙鸿、杨杏佛、任鸿隽、宋子文。张公室即张竞生，他名列榜首，可见当时的中华民国临时政府对他是何等器重。

陈炯明："这是一位神经病！"

张竞生好与女人玩精神恋爱的游戏，初到巴黎时，住在"人家客店"，他对一位学图案的女子发生兴趣，那女子声称要守身如玉，张竞生自惭缺乏手段，只好偃旗息鼓。其后不久，他在海边的一家咖啡店认识一位娇巧玲珑的女招待，彼此情投意合。他最得意的是，他的竞争者是一位英俊的德国大学生，他居然能够漂亮地胜出。"我以为能打败德人的情敌，是我以弱国的地位，也算莫大的光荣。"

1920年，张竞生获得法国巴黎大学的哲学博士学位，即收到潮州金山中学校长的聘书。船到香港，按例他要去广州领取校长的任命书，也就是说他有机会见到广东省长兼督军陈炯明，当面向他递交条陈。有趣的是，张竞生别的不关心，只关心限制人口，提倡避孕，这似乎是在讽刺中国人"多子多福"的旧思想，也有点嘲弄陈炯明本人的意味。妻妾成群、子女扎堆的陈炯明读了这篇字迹潦草的条陈后，对潮属议员兼财政厅长邹鲁说："这是一位神经病！"言下之意是，让这家伙当校长岂不是误人子弟？张竞生到底还是当了几个月的金山学校校长。他大刀阔斧，辞退了一些名声不好、水平不够的教师，因此惹发风潮，有人在校内对他动武，有人打电报，发传单，散布谣言，诬蔑张竞生有神经病，是"卖春博士"（指他在《汕头报》提倡避孕节育），一时间闹得满城风雨。张竞生灰心到了极点，险些跳海自杀。所幸不久后，云开雾散，蔡元培聘请张竞生去北大哲学系当教授。

“专捅马蜂窝”的人

在北大哲学系，张竞生任教5年（1921~1926），他的讲义《美的人生观》、《美的社会组织法》相继出版，在学界赢得了崇隆的声誉。周作人对《美的人生观》评价相当高：“张竞生的著作上所最可佩服的是他的大胆，在中国这病理的道学社会里高揭美的衣食住以至娱乐的旗帜，大声叱咤，这是何等痛快的事……总之，张先生这部书很值得一读，里边含有不少好的意思，文章上又时时看出著者诗人的天分……”当年，蔡元培倡议以美育替代宗教，提高全民素质，张竞生的思想与此暗合，理论与此呼应，甚得青年学子的欢心。在《美的社会组织法》中，他主张建设一个情爱与美趣的社会，其极端处，便是竭力提倡“情人制”、“外婚制”和“新女性中心论”。在封闭、愚昧和以男权为中心的中国社会，张竞生的浪漫派理论无疑是一根专捅马蜂窝的竹竿，招来无数身着长袍马褂的论敌。其“情人制”理论大体如下：

男女的交合本为乐趣，而爱情的范围不仅限于家庭之内，故随时势的推移与人性的要求，一切婚姻制度必定逐渐消灭，而代为“情人制”……在情人制的社会，男女社交极其普遍与自由，一个男人见一切女子皆可以成为伴侣，而一个女子见一切男人皆可以为伊情人的可能性。

至于他所提倡的“外婚制”，从优生强种的立场出发，建议中国人多与俄国人、欧美人、日本人通婚，汉人多与满、蒙、回、藏人通婚，南方人多与北方人通婚，也被人嘲笑为瞎扯淡。当时表兄妹开婚尚被赞为亲上加亲，是人间美事，张竞生的优生强种说就显得过于超前了，非一般智力者所能接受和赞成。像德龄女士（近代华裔旅美作家）那样见过世面的女子，不愿由慈禧太后作伐嫁给王孙公子，而愿嫁给美国人，实在是不可多见的范例，由她来支持张竞生的理论当然不错，可是显得太势单力薄了。

认为爱情是“有条件的”

1922年4月19日，美国生育节制专家山格夫人访华，由胡适担任翻译，张竞生陪同，在北京大学讲演其理论。张竞生一向主张节育，乘此机会，极力介绍山格夫人的主张，可是言者谆谆，听者藐藐，收效甚微。乱世中保种不易，再加上“不孝有三，无后为大”、“积谷防饥，养儿防老”的旧思想作祟，正确的节育主张无疑是出现在一个错误的时间和错误的地点，难怪在知识分子密集的北京也少有人喝彩。

一次，张竞生经过上海，汪精卫请他吃饭。汪氏子女满屋，有些不好意思地说：“我也是赞成节育的，但结果竟是这样呵！”赞成节育的人尚且不能少生，更何况那些反对节育的人。张竞生认为“男女交媾的使命，不在生小孩，而在其产生出了无穷尽的精神快乐”，他还劝女人不要轻易怀孕。

1923年4月29日，张竞生在北京《晨报副刊》上发表了《爱情的定则与陈淑君女士事的研究》一文，引发关于爱情的大讨论。事由是：1922年3月，张竞生南北议和时的同志、留法时的同伴、北大生物系主任谭鸿熙丧妻后不久，即与妻妹陈淑君同居，而陈淑君在广东尚有未婚夫沈原培，彼此未曾脱离关系，结果沈氏感觉受骗受害，赶到北京，大办交涉，在报纸上刊登广告，斥责谭熙鸿败德，陈淑君负义，闹得满城风雨。张竞生发表此文，支持和声援谭熙鸿，他指出爱情的定则有以下四项：是有条件的；是可比较的；是可变迁的；夫妻为朋友的一种。

从1923年4月到6月，《晨报副刊》共发表讨论稿件24篇、信函11件。梁启超、鲁迅、许广平、孙伏园都参与了这场争论。全盘反对的人不多，完全支持的人更少，仁者见仁，智者见智。其中关于"爱情是有条件的"这一项争议最大，张竞生列举的条件有6项内容：感情、人格、状貌、才能、名誉、财产。"地位"包含在"名誉"中。条件愈完全，爱情愈浓厚。极端的人认为爱情是神秘的，是无条件的，次者认为爱情只以感情、人格、状貌为条件，绝大多数人都认为若以财产为前提，爱情就未免庸俗和势利，沾染上了铜臭味。殊不知空着肚皮是无法恋爱的，鲁迅在小说《伤逝》中已痛切地总结出，"爱情要时时更新、生长、创造"，首先必须保证温饱，保证衣食无忧，否则爱情必定夭折，幸福更是无从谈起。

《性史》出版即被查禁

反对缠脚、反对束胸，包括制定爱情的游戏规则，张竞生觉得这些远不算过瘾，他真心想研究想讨论的是进乎其上的男女性爱，这在当时的中国还是一座荒芜的园地，或谓之禁区也不为过。1923年5月，北京大学国学门成立"风俗调查会"，张竞生出任主席，他拟定风俗调查表，列出30多项，其中有"性史"一项，教授们讨论选题时，觉得性史的调查和征集应另立专项。1925年深秋，张竞生在《京报副刊》上发出《一个寒假的最好消遣法》征稿启事，正式向社会征集性史。来稿出乎意料地踊跃，他从中选出有代表性的7篇，加上序言和批语，编为《性史》第一集，1926年4月由性育社印行。几乎是立竿见影，许多学校贴出查禁此书的公告，反而起到了促销的作用，《性史》不胫而走。卫道士们无不暴跳如雷，遂引发轩然大波。《性史》第一集摆事实，讲学理，对症下药，对国人的性蒙昧有拨云见日之效，却不为保守派所容，在他们看来，《性史》乃是淫书，不仅误导青少年，而且败坏了世道人心。到了这个地步，当然没有了学术领域正常讨论的余地。

后来，张竞生在《两度旅欧回想录》中忆及往事，有一段话算是自我辩白，值得一读：

常人与学问家，根本上不大相同。常人不肯说，不肯研究，只要暗中去偷偷摸摸。学问家则一视同仁……无论哪种学问，都可研究。而最切要的，又在研究常人所不敢，或不能研究的问题。

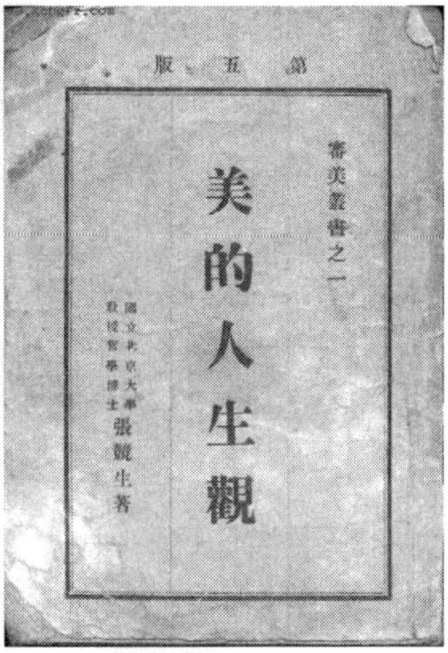

张竞生著《美的人生观》

20世纪20年代的中国社会，礼教依旧森严，《论语·颜渊》中的“非礼勿视，非礼勿听，非礼勿言，非礼勿动”，仍是中国人的行为规则。科学要战胜蒙昧，需要胆识，也需要时间。张竞生是急切的先行者，遭到误解和打击，自然无法避免。

在《性史》第一集的序言中，张竞生用金圣叹批《西厢记》的口气预作恐吓之词：“这部《性史》不是淫书，若有人说它是淫书，此人后世定堕拔舌地狱。”吓人并不管用，这本书的第二集便被扼杀于印刷厂中，然而坊间立刻有多种伪本流行。正是在此期间，张竞生得了个“性博士”的花名和“大淫虫”的恶号。

1926年夏，张竞生依照蔡元培校长所定的成例前往上海，打算买舟泛洋（北大教员授满5年课程后，即可带薪去国外游学一两年）。不巧的是，这时奉系军阀张作霖攻入北京，赶走了冯玉祥，免去蔡元培的校长职务，任命刘哲为北大新校长。奉军入京后，疯狂屠戮民主人士和共产党人，《京报》社长邵飘萍、《社会日报》社长林白水、北大政治系教授李大钊先后遇害。在这样白色恐怖的局面下，蔡元培所定的规则自然被推翻，张竞生出洋游历的资格和资金已没戏，北大教职也泡了汤。他滞留上海，为生存考虑，便与友人谢蕴如合股2000元，谢任总经理，张任总编辑，在书局林立的四马路开办美的书店，专门发行张竞生编译的“性育丛书”，还出版一本《新文化》月刊，比《性史》第一集走得更远。可惜两个书呆子不肯拜码头和多方打点，红红火火的书店生意遭人嫉恨，未久便被摧残得生气全无，唯有关门大吉，宣告倒闭。

一生三大憾事

张竞生的理论和他推广这些理论的行为确实太超前了，别说一般智识的人难以理解，就连担任过北大代理校长和校长的蒋梦麟（他的心胸雅量比蔡元培差得远），也认为张竞生是北大教授中的害群之马。1927年，张竞生携同家人到杭州游玩，适值蒋梦麟担任浙江教育厅厅长，正是他向省府提议，拘捕张竞生，罪名是“宣传性学，毒害青年”。所幸张竞生得到老朋友、民国元勋张继的关照，才被从轻发落为：驱逐出境，3年不许踏入浙江半步。

军阀当道，民不聊生，教育凋残，文化衰敝，国内的环境实在太恶劣了。蔡元培旅居欧洲去了，张竞生亦步其后尘，第二次赴法游学。他得到广东省政府主席陈铭枢的私人资助，遂以翻译外国名著为职志，他原想集合同道翻译二三百种，但由于大笔经费无法筹措，终于只译出卢梭《忏悔录》、《歌德自传》等数种，凑成一辑“浪漫派丛书”。

到了20世纪50年代初，张竞生已60多岁。枯木逢春，经人介绍，他与南京的一位资深美女（37岁）建立恋爱关系，两人在石头城与五羊城之间频频鸿雁往返，张竞生美其名为“通信试婚制”，结果有情人终成眷属，彻底勾销了张竞生长期得不到一位知心伴侣的恨憾。张竞生自20世纪30年代即不再研究性学，又由于“名声不好”，得罪的学界权威太多，各大学皆不肯聘他为教授。1953年，广东省成立文史研究馆，他被定为首批馆员，写了几篇回忆录，较有价值的有1959年4月撰写的《南北议和见闻录》，更重要的是他的3部自传:《浮生漫谈》、《十年情场》和《爱的旋涡》。他的晚景终归于恬淡,“文化大革命”对他的冲击似乎并不大,这位发誓要活到100岁的老人,82岁时因脑溢血猝死于故乡的茅屋中。他一生有三大憾事:一是没有娶欧妇;二是没有办成现代化的潮州大学;三是没有完成翻译二三百种世界名著的宏愿。至此,他只能饮恨九泉了。

有人称张竞生是中国人口学和性学领域的拓荒者,大致是不错的。他倡导节制生育比马寅初要早出许多年,而高揭性解放的大旗,更是先驱中的先驱。还有人称张竞生是中国文坛的一颗流星,是中国文化界和出版界的失踪者。

鲁迅曾在杂感中写道:“至于张竞生的伟论,我也很佩服,我若作文,也许这样说的。但事实怕很难……张竞生的主张要实现,大约当在25世纪。”鲁迅的调子太悲观了一些,张竞生的许多主张(节制生育、性解放等),如今都已在中国落地生根,开花结果,甚至超出了他的原意。

显而易见,张竞生身上也有凡人难以克服的弱点,以至于实践与理论常常无法同步合拍:他极力标榜“新女性中心论”,可是他对自家那位动不动就玩出走游戏的情人褚问鹃女士(“中国的娜拉”)不够宽容,不仅吐了恶言,还动了拳脚,被人捅到报纸上,好不难堪;他主张节制生育,自己却有5个孩子。凡此种种,大醇之中确有小疵,但他整体上还是有趣的、可爱的,甚至是了不起的。国人能忘记他半个世纪,甚至100年,但不可能将他从集体记忆中永久删除,他激活人性的壮举终将为中国有识之士所赞赏。

"我若死，天地将为之变色"

——梁漱溟"狂妄"话语的背后

魏邦良

梁漱溟像

在中国现代史上，梁漱溟以特立独行著称：终其一生，他坚持独立思考，表里如一，不趋炎附势，不妥协畏惧，是一位真正的大儒。程思远先生对梁漱溟的评价是：潜心行学，一代宗师，探索人生，无所畏惧。梁先生完全当得起这样的评价。

"我是碰不到凶险事情的"

1941年，梁漱溟在香港创办《光明日报》。当年12月太平洋战争爆发，香港沦陷。梁漱溟等人经介绍结识海上豪杰"吴发仔"，由他安排，乘船过海到大陆。当时，吴发仔手下有几千义民担任抗日工作，将内地急需的物资如汽油等运往大陆。

那天晚上，吴发仔运棉纱的船共有16只，分3批出发。梁漱溟原先是和一位陆君乘一船，后友人发现梁漱溟和陆君都不会粤语，怕万一出事不好应付，于是让梁氏换船，与擅长粤语的陈君一道走。随后，小船在夜幕的掩护下扬帆而去。开始时风大，但风向顺，小船箭一般向目的地驶去；后半夜风向突变，小船开始颠簸，又苦又咸的海水不停溅入口中，小船随时有被海浪掀翻的危险。熬了一天一夜，梁漱溟乘坐的这只船总算靠岸。吴发仔一清点，有13只船被海匪劫去，到达的3只船，一船的货物被劫光，一船被海匪劫了两次，只有梁漱溟这只船安然无恙，毫发未损。原安排与梁氏同乘一船的陆君下落不明。如此经历让梁漱溟感慨不已，也让他感到十分幸运。

这种幸运当然是一种偶然，但这样的偶然在梁漱溟的生活中一再出现。

1939年，梁漱溟视察敌后游击区，数次遭遇日寇伪军，却总能化险为夷。当年6月10日《日记》："黎明行抵连谷峪，入民家小睡，遽闻枪炮声，知前方已发生战事。出门遥见敌骑在西面山岭上，空中并有飞机，即向东向南趋奔。"6月24日《日记》："行抵对经峪一小村……方解衣烘烤觅求饮食之间，闻石人坡方面枪声大作，知是接触开火。不敢怠慢，出村向东北一高山攀登……至山脚入岩洞掩蔽。洞内几已人满，见我等异乡人物，指点隐于最后。此时前后各山头敌我两军渐集，不久开火，各种枪声、炮声、炸弹声、飞机声震耳。"6月25日《日记》："此时洞内空无他人，可以走动向外瞭望，对面山头敌人旗帜、军官皆在目中。约十时后战场转至西北方，枪声稀少，敌旗撤走，三两敌人下山搜索，两次经洞口外走过，却不入内探视，我等乃得以安然无事。"

梁漱溟的这些经历险象环生，最终却是安然无恙，仿佛他就是台风中心，其他地方已被摧残得一片狼藉，满目疮痍，而他衣冠整洁，毫发未损。如他在信中所云："就以此番香港战事而言，我离开黄泥涌道不久，敌军便占了黄泥涌道；我离开轩鲤诗道黄家，并将衣服取走之一天，黄家便被匪劫。"

屡次化险为夷，死里逃生的传奇经历给了梁漱溟这样的信心：

"我是碰不到凶险事情的。我在某处，某处便无凶险事……这样的暗示给我一种自信！我总是平安的。""一旦出事，总有不相识的人出来搭救。"

"我不能死。我若死，天地将为之变色"

梁漱溟之所以能有惊无险地逃过一次又一次的劫难，应归功于他处变不惊，镇定自若的良好心态。1939年，梁漱溟出入敌后长达8个月，和他同行的人无不说他胆子大，不管遇到什么险情，他总是神色自若，如同无事。冒险出香港时，路上有位范君，也对梁先生大加赞叹，说："梁先生真奇怪，若无其事！梁先生了不起，若无其事！"

所谓"若无其事"，兼指梁先生的身体如常，能应付任何困难；修养超常，能吃得任何辛苦。其实，梁漱溟的身体并不比别人强健，但由于心态好，饮食起居一如往常，所以疾病也就侵袭不了他。梁先生曾对自己的家人说："其实我原是心强而身不强的人，不过由心理上安然，生理上自然如常耳。你若是忧愁，或是恼怒，或是害怕，或有什么困难辛苦在心，则由心理马上影响生理（如呼吸、循环、消化等各系统机能）而起变化，而形见于体貌，乃至一切疾病亦最易招来。所以心中坦然安定，是第一要事。"

梁漱溟为何能在险境中若无其事呢？关键在于他有不同一般的人生观。他说："我晓得我的安危，不是一个人的问题，而是关系太大的一件事。我相信我的安危自有天命，不用担心……不谋衣食，不谋家室，人所共见……我栖栖惶惶究为何事，朋友国人，或深或浅，多有知之者。"一个"不谋衣食，不谋家室"的人何惧之有？对他来说，死亡是另一种休息。

梁漱溟自14岁起就一直思考两个问题：一个是人生问题，一个是社会问题（或中国问题）。抗战爆发时，他已年近五十，而他

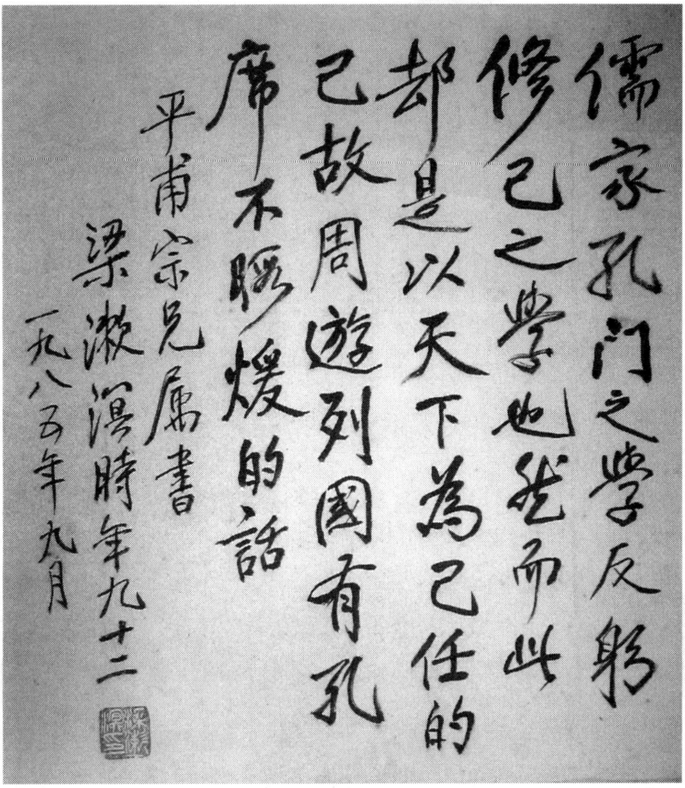

梁漱溟书法

思考的两个问题也已渐渐成熟：“一是基于人类生命的认识，而对孔孟之学和中国文化有所领会，并自信能为之说明。一是基于中国社会的认识，而对于解决当前大局问题，以至复兴民族的途径，确有所见，信其为事实之所不易。”

对于前者，梁漱溟计划写3本书来阐述，这3本书是：《人心与人生》、《孔学绎旨》、《中国文化要义》，梁漱溟认为，写完三本书，自己这方面的任务也就算完成了。关于后者，梁漱溟已出版了3本书：《中国民族自救运动之最后觉悟》、《乡村建设理论》、《我努力的是什么》，但是要实现书中所写到的各种设想，梁漱溟还需要不断奔走努力。换句话说，梁漱溟认为，历史赋予自己的人生使命还没完成，所以自己不会死。

他说："'为往圣继绝学，为来世开太平'，此正是我一生的使命。《人心与人生》等三本书要写成，我乃可以死得；现在则不能死。又今后的中国大局以至建国工作，亦正需要我；我不能死。我若死，天地将为之变色，历史将为之改辙，那是不可想象的，万不会有的事！"

梁漱溟与张澜合影

有人说，梁漱溟这番话有些狂妄，其实，"狂妄"是其表面，内核则是"坚定"。梁漱溟以这番故意略显"狂妄"的话来显示自己坚定的信念——一定会完成历史赋予自己的人生使命，只有到那时，他才会坦然赴死。

在"狂妄"话语的背后，显示了梁漱溟对磨难、险境、敌人的藐视。任何人任何险境也阻挡不了他"潜心行学"、"探索人生"的脚步。正是从这个角度，我们才理解了他下面这句话："虽泰山崩于前，亦可泰然不动；区区日寇，不足以扰我也。"对梁漱溟来说，这句话决非冠冕堂皇的大话，而是他内心的真实写照。一个人若有了远大目标，自然不会被一时的困难吓倒，不会为眼前的险境恐慌。

1940年，梁漱溟在重庆参加国民参政会，当时，日寇丧心病狂地对重庆进行轮番轰炸，但梁漱溟无所畏惧，照常看书思考，埋首工作。5月初旬的一天，重庆平民教育促进会的3位青年躲警报回来，发现学校操场上放着一张藤椅，一问，才知道是有人在警报时间内搬藤椅出来看书。这个人戴一副无边框眼镜，身穿长袍马褂——他就是梁漱溟。

罗翼群与叶恭绰

散　木

叶恭绰像

罗翼群（1889～1967），曾经的国民党元老，1949年被国民党以“背党叛国”的罪名永远开除党籍，1957年又成为广东“最著名的右派”。叶恭绰（1881～1968），一代才子，半生为文，半生为官，“文革”中成为“封建余孽”、“袁世凯和蒋介石的干将”，1980年得偿夙愿安葬中山陵之侧……

常去图书馆翻阅新书，近来发现了一个好现象——作者赠书多了起来。于是，一些印数非常有限、在书店很难见到的“稀缺书籍”，逐渐在图书馆“现身”了。笔者最近阅读的，则是吴开斌所著《另类人生二十年》（中国文化出版社2007年版，作者捐赠本，浙江图书馆收藏）。

罗翼群：当年广东“最著名的右派”

吴开斌是武汉大学中文系1954级的学生，后来成为武汉大学数百名“右派分子”之一。被打成“右派分子”后，吴先后在湖北和广东劳改，与之一同沦落天涯的，据其回忆，更有教授唐炳亮（广东中山人）、"大右派"曾昭抡以及燕树棠、韩德培、程千帆等先生。吴开斌还语及一些名流，比如广东的罗翼群先生。

最近还读了《叶启芳传——从教堂孤儿到知名教授》（中山大学出版社2007年版），传主叶启芳先生是著名的基督教教徒、报人、翻译家、政府官员、教授、图书馆馆长。当然，他也曾是广东著名的"右派分子"。与叶启芳"同案"的"反党小集团"成员、中山大学中文系教授董每戡先生曾在1957年有诗曰："书生自有嶙峋骨，最重交情最厌官。倘若推诚真信赖，自能沥胆与披肝。"这首诗，"反右"前陶铸曾推许之，此后不说也罢。袁伟时先生以为：当年董先生犯了两个让他后半生受尽折磨的错误：一是"不知道政治家的脸孔会变，而且不能不变"；二是"盯住交情，忘了根本在体制……"

《叶启芳传》也提及罗翼群（"民革"中央委员、全国政协委员、广东省政协委员、广东省参事室副主任）。罗翼群是广东兴宁人，当年广东"最著名的右派"，早年拥有一段辉煌的革命历史：加入同盟会，服膺孙中山的政治主张，先后追随邓仲元、廖仲恺、朱执信从事民主革命。辛亥革命广州光复后，曾任都督府参军等职。1917年广州军政府成立后，又任少将参军、广州宪兵司令及北伐军代理参谋长等职。1923年，孙中山复任大元帅，罗翼群为大本营兵站总监，主持北伐军粮饷供应，继任省长公署总参议，是廖仲恺的得力助手。当年著名的香港海员大罢工，也是由廖仲恺派罗翼群赴香港，与中共方面的苏兆征合作策动的。1924年黄埔军校成立，罗负责调拨经费事宜，及至东征兵兴又任东征军总参议，曾与周恩来和苏联顾问鲍罗廷等密切合作。1949年因倡言和谈，被国民党永远开除党籍，并以"背党叛国"的罪名受到"第一名"的通缉。

广州解放前夕，罗翼群在香港宣布与蒋介石集团断绝关系，震动全国。然而，就是这样一位功勋在身的名流，竟也沦为"右派分子"。吴开斌书中提及罗在当年无休止的批斗中悲愤地说："如果我不主张社会主义，我就不回来了。”罗翼群恐怕根本没有意识到：天空上的马克思主义的社会主义，落实到地面，竟会是这样。

记得当年还有一册《罗翼群碰壁记》，是“反右”时期众多以丑诋为能事的漫画小册子之一（河南人民出版社美术编辑室编绘，河南人民出版社1957年版）。然而让人不解的是，此书为什么不是广东所产，而是千山万水之外的河南所出。如今思来，则恐怕是罗氏当年所以祸罪，端因“为农民说话”——“人民公社”的诞生地河南，应该是“责无旁贷”批判罗的先锋矣。

“为农民说话”，早于罗氏，有梁漱溟先生一席“九天九地”之说，其后更有庐山会议写了“万言书”的彭德怀元帅；在广东，罗翼群可谓翘楚。

在“农业社会主义改造”、“统购统销”等形势之下，只因罗翼群说了一句“农民太苦”，有关方面就用汽车把他拉到广东各地农村去接受农民的“大辩论”。笔者从当年的《人民日报》看到古大存在第一届全国人民代表大会第四次会议上的发言《广东农业的大发展史无先例》，古大存说：“广东省的右派分子，竭力诬蔑我们在农村工作中的成绩，散播‘广东的农业合作化搞坏了’、‘广东农民的生活接近饿死的边缘’等谬论。右派分子罗翼群，最近几天还下乡奔走，寻找所谓‘农民接近饿死边缘’的材料，到处造谣煽动，专找地主和被管制的反革命分子谈话，不敢和工农劳动人民见面。”结果呢？“罗翼群到了他的家乡兴宁县，就引起了五万群众的愤怒，集会游行群起声讨，列举解放后生活改善的无数事例，驳斥他的无耻谰言，结果他只好抱头鼠蹿，躲藏起来，要求护送回省。”然而，发言者古大存，不久之后竟沉冤不起。（1957年末发生了所谓反对“海南地方主义反党集团”的事件，中共广东省委作出了对冯白驹、古大存错误的处理决议。当时毛泽东认为，所谓“地方主义者”，“实际上是右派，是资产阶级在党内的代表”。事见《带刺的红玫瑰——古大存沉冤录》一书，作者系广东省原副省长杨立，天地图书有限公司2000年版。）

在广东，“大跃进”兴起时，应该说还是比较低调的，但是，体制所决定，随着全国“浮夸风”的推波助澜，即使是务实的陶铸，头脑也不免热了起来，如他曾号召农民放开肚皮吃3顿干饭等。不久农业减产，人们吃不饱饭，开始出现身体浮肿，陶铸很内疚，在1959年的汕头会议上，他公开检讨“高指标”、“瞎指挥”和“浮夸风”，并把检讨写成《总路线与工作方法》在报纸上公开发表。也正因此，陶在北京七千人大会上受到了毛泽东的表扬，当时毛泽东说：在全国省委书记中，广东是最早检讨的一个。

杜导正回忆的“麻袋包”事件

当年古大存等批判罗翼群，究竟是怎么一回事？

杜导正先生曾在《我是怎样成为“右倾机会主义分子”的》（载《纵横》2004年第4期）一文中回忆：1956年他从中央马列学院毕业后，被分配到新华社广东分社任社长，那时，“党内‘左’的错

叶恭绰书画

误慢慢膨胀开来，以后是1957年反右派，1958年大跃进、人民公社、大炼钢铁，1959年反右倾，一个运动挨着一个运动，一个高潮接一个高潮”，眼见得“1956年以后，向消极方面的转化加速，越来越快地向‘深渊’滑去”，而“作为新华社的一个记者，一个组织者，是不可能离开或回避党的这一历程的。我所谓的考验，就是如何对待党的这个趋势，核心问题是搞不搞主观主义，敢不敢实事求是，能不能实事求是，敢不敢尊重人民群众的利益和愿望。我在这个考验面前，有时顶住了，有时跟着犯错误。犯错误，有时是主动的，有时是盲目的。那些时候，我不是像有的同志那样头脑清醒，一直抵制。我不是那样的，没那么清醒。但我也不像有些人那样一直坚定不移地跟着干，在某些时候，某些问题上，我还是有所独立思考，有所抵制的，但没抵制住，也不可以抵制住”，“反右派运动中，广东有个民主人士，老同盟会员，叫罗翼群。1957年夏，他去粤东，到处讲话，骂共产党，说中国农民到了饿死的边缘。他在前面走，我带着个记者后面跟着，他一讲话，我俩就写文章批判他，发在《南方日报》上，连篇累牍，有三四个整版。后来罗翼群被押回广州，一路上，走到哪里，哪里的老百姓就批斗他，他怕被整死，躲在汽车后排的麻袋包底下，我就写了一篇《麻袋包下》。这篇文章夹叙夹议，写得很挖苦。现在看，罗翼群先生那么咒骂共产党是很错误的，但我那么给他上纲上线，整他写他挖苦他也是很‘左’的、很错的。以后这一位对民主主义革命作过贡献但也有错误的老同盟会员被划成极右分子，处境很惨，这些我都是有责任的。我感到内疚”。杜导正的这段回忆，可以看做是对古大存发言内容的一个注解。

原来，1957年6月8日，中共中央发出《组织力量准备反击右派分子的猖狂进攻》的指示之后，陶铸开始在广东部署对“右派”的围剿战役。此时，罗翼群仍以政协委员的身份，兴冲冲地跑到兴宁、平远、蕉岭视察，观察农村的现状，而一路的所见所闻，更使他确信执政党犯了错误，即政府“只顾国计，不顾民生”，使“一小部分人接近饿死边缘”，他以为这是一个严重的失误。在兴宁县龙田中学，他和初中生交谈，对学生们毕业后想当干部的想法提出了质疑。他以为：在政府精简机构的形势下，很多中学生可能没有机会读高中，而是回乡参加劳动了。学生们以为“回乡生产太苦”，他现身说法：“我也是穷家子弟出身，自小天未亮和母亲拾狗屎、猪屎，过过就会惯的。”没想到，这番谈话被记者抓住了，被冠以“煽动学生，企图制造暴乱事件”的罪名，在报纸上大肆渲染和歪曲。

不久，广州召开了批判罗翼群的大会，报上的批判文章时常或明或暗认为他与国民党政权、国民党特务、反革命、地主、恶霸有关，以至他到了黄陂乡，就会有人造谣：“国民党在汕头登陆了”、“国民党飞机把广州炸烂了”；他到了兴宁，则会发生所谓台湾飞机在兴宁投放粮食、布匹和传单的怪事；他到了笃陂乡，笃陂乡中学居然会出现“打倒共匪！”“农民已到饿死边缘，行动起来打倒共匪的时机成熟了！”等标语……

显然，罗翼群已身败名裂，成了广东头号“右派分子”了。

《另类人生二十年》作者吴开斌回忆说：“反右”若干年之后，民革中央派朱学范、朱蕴山两位南下，劝说罗翼群争取“摘帽”，但罗不置可否。其时，广东正组织民主人士赴海南岛参观访问，只要参加者借机写诗歌颂，有关方面就能为之“摘帽”。然而罗翼群竟又不识相，坚决不去。

名士叶恭绰

吴开斌又回忆起另一位“名流”——其时也是“右派分子”的叶恭绰先生。

应该说，叶恭绰先生比罗翼群更出名，他的的确确是政界名流、社会名流、文化名流。

叶恭绰，字裕甫，又字誉虎，广东番禺人。广东叶氏是一大望族，叶恭绰祖父叶衍兰以金石、书画和文艺名世，其父叶仲鸾也以诗文、书法著称。叶恭绰家学渊源，少即聪颖，据说7岁能诗文，18岁时应童子试，以《铁路赋》获第一名，为清廪贡生。他专擅倚声，是晚清词坛耆宿文廷式的弟子，夏敬观《忍古楼词话》称其"年十六七即能词，萍乡文芸阁学士廷式极叹赏之"。

叶恭绰出身于京师大学堂仕学馆，清末历任湖北农业学堂、方言学堂、西路高等小学堂、两湖师范学堂教习，邮传部路政司主事（主持京汉铁路事宜）、员外郎、郎中、芦汉铁路督办等；民国后历任路政司司长、交通部部长等职，并兼掌交通银行、交通大学；1949年后，叶恭绰任中国画院院长、中央人民政府文字改革委员会主任委员、中央文史研究馆副馆长等，他还是全国政协常委、中国农工民主党中央委员。叶恭绰于学术、考古、诗词、书法无不精湛，更以收藏著称于世，如西周毛公鼎、晋王羲之《曹娥碑》等，都曾是他的收藏。他还编著有《全清词钞》、《五代十国文》、《广箧中词》、《广东丛书》、《遐庵词》、《遐庵汇稿》等，曾发起的组织有中国营造学社、国学馆、《词学季刊》、上海博物馆、中国文化协进会、中国佛教协会……

也许，就是因为这些不凡的出身、经历、才气，叶恭绰与共和国领袖毛泽东有过几次雅集及书信交往。

先说书信。毛泽东于1952年5月25日致叶恭绰信曰：

誉虎先生：

数月前接读惠书，并附萨镇冰先生所作诗一首，不久又接读大作二首，均极感谢。萨先生现已作古，其所作诗已成纪念品，兹付还，请予保存。近日又接先生等四人（笔者注：即叶与柳亚子、李济深、章士钊四人）来信，说明爱国领袖人物袁崇焕先生祠庙事，已告彭真市长，如无大碍，应予保存。此事嗣后请与彭市长接洽为荷。

顺致

敬意

毛泽东

五月二十五日

大概不久叶恭绰又去信，并将其编辑出版的《清代学者像传》第二集寄给毛泽东，其信云：

主席钧鉴：

恭绰年来渥承光被，稍获新知，然结习未忘曩时所业，有可供参考者仍随宜掇拾，冀附轻尘之助，兹印成《清代学者像传》第二集一种方始出版。谨上呈一部，期承乙览之荣，并赐训诲。

附致

崇礼

叶恭绰敬上

八月五日

信中所谓“曩时所业”，正是叶恭绰喜爱和擅长的诗艺。毛泽东收到叶恭绰的信和赠书后，十分高兴，回函云：

誉虎先生：

承赠清代学者画像一册，业已收到，甚为感谢！不知尚有第一集否？如有，愿借一观。

顺致

敬意

毛泽东

一九五三年八月十六日

《清代学者像传》，原刊于1928年。原来叶恭绰的祖父叶衍兰平生喜欢收集清代学者像，最后历时三十余年，摹写了清代学者共171人像（其中部分为黄小泉所摹绘），至1928年，叶恭绰将这些清代学者像交商务印书馆用珂罗版影印出版，即《清代学者像传》第一集，分一函四册装（第一册为谭延闿题写书名，第二册为蔡元培题写书名，第三册为于右任题写书名，第四册为罗振玉题写书名），可谓弥足珍贵。此后，叶恭绰又于1953年续编了《清代学者像传》第二集，收入摹写的清代学者200人像。这样，《清代学者像传》的两集共收入371人图像，大凡较知名的清代学者如顾炎武、黄宗羲等像都能在书中找到，被学界誉为研究清代文化学术史的必读之作。

叶恭绰赠送给毛泽东《清代学者像传》第二集之后，深为毛泽东所喜，于是又在信中向叶恭绰借阅第一集，当时尽管第一集已很难找到，叶恭绰还是把自己珍藏的一套送给了毛泽东，并在去信中说：

主席钧鉴：

奉示敬悉。《清代学者像传》第一集，舍间存书已悉毁于变乱。兹另觅得一部奉请存阅，不必交还矣。

馀致

崇礼

叶恭绰谨上

廿一日

毛泽东收到信和书后，十分高兴，据说后来他经常翻阅，并在中南海的书房里反复咏读。如今中南海毛泽东的藏书中，仍可看到这套书，首页还钤盖有毛泽东的藏书印——“毛氏藏书”。

受邀参加毛泽东生日宴

再来说毛泽东在中南海的两次生日宴请。

1959年，毛泽东过66岁生日，由于有粮荒饿死人的消息，12月26日这天，毛泽东从清早起来便愁眉不展，心事重重，坐在沙发上不断抽烟。突然，他决定还是要有一个生日庆祝的形式，他对卫士封耀松说："你去把银桥、高智、敬光、林克和东兴叫来。今天在我这里吃饭。"这一天，没有亲人，只有这么几位身边的工作人员和他吃了一回生日饭，当时他还立了一个规矩：自己要与全国人民一起定量吃饭，并宣称要实行"三不主义"：不吃肉，不吃蛋，吃粮不超定量。于是这一天生日饭的主食是红豆米饭，只是特意在菜里多放了一些油而已。席间空气沉闷，毛泽东把筷子伸向菜盘，没等夹菜又放下了，他扫视身边的工作人员，不由地说："现在全国遭灾，有的地方死人呀，人民公社、大办食堂，到底好不好？群众有什么意见？正确的情况搞不到。"

当晚，毛泽东给林克和高智等人写信，嘱咐他们去河南信阳调查，是因为信阳发生了惨绝人寰、哀鸿遍野的饥荒吗？不得而知。毛泽东在信的附言中说："12月26日，我的生辰，明年我就67岁了，老了，你们大有可为。"（林克《毛泽东的人间相》，人民文学出版社1997年版）

1963年12月26日，正是毛泽东的70岁生日。毛泽东是反对祝寿的，这次也一样，他说："大家都不做寿，这个封建习惯要改。"还说："做一次寿，这个寿星就长一岁，其实就少了一岁，不如让时间偷偷地走过去，到了八九十岁时，自己还没有发觉……这多好啊！"（林克《毛泽东的人间相》，人民文学出版社1997年版）于是，70大寿的庆祝也只是规模很小的家宴，毛泽东仅请两桌客人，除自己的亲属之外，邀请了三位湖南老乡和亲戚——程潜、章士钊、王季范，另有一位叶恭绰。

叶恭绰此前“被错划为‘右派分子’”，已停止了全国政协常委和代理中央文史研究馆副馆长的职务，直到1959年“摘帽”。让人产生兴趣的是：叶在这次家宴上会有什么话要说呢？或者毛泽东会对他说些什么话呢？这些，我们全都不知道。只知那天席间，叶恭绰为毛泽东70诞辰撰写了一首长诗，从领袖的文治武功到畅游长江，当然是出口成章的。据吴开斌回忆，这一首长诗，罗翼群阅后，称“乃圣乃贤，乃文乃武”。据张中行的《负暄琐话》：叶恭绰其人，“最大的特点是有才；才的附带物是不甘寂寞；稀有的经历深深地印在言谈举止中，具体说是，文气古气之中还带有时多时少的官气”。

叶恭绰扇面

逾三年，“文化大革命”爆发，叶恭绰受到冲击和迫害，至1968年8月6日病逝，终年87岁。1979年，有关方面改正了1958年将他划为“右派”的错误。1980年3月，全国政协为他举行了追悼会，给予平反。最后，遵照他的遗嘱，骨灰安葬于南京中山陵东侧的仰止亭旁（仰止亭是在孙中山奉安中山陵之前由叶氏捐款修建的，为了表示他对孙中山先生的知遇之情）。

由罗翼群先生和叶恭绰先生，又提及了其他许多人和事，仿佛共和国历史长河中的一朵浪花，通过这朵浪花，大概可以感知历史岁月的斑驳和严酷。当年鲁迅说到历史记忆和历史写作体裁的“笔记”，认为它“通过密叶投射在莓苔上面的月光，只看见点点的碎影”——这浪花或碎影，如烟或并不如烟，正离我们远去。

话说张东荪

蓝英年

一

张东荪像

张东荪是何许人？七八十岁的老知识分子可能多少知道一点，再年轻的就未必知道了。

如果70年前问我，我会不假思索地回答："张东荪是张伯伯。"张东荪与先君同庚，一同东渡日本，还曾同住一间房。此外，张东荪的夫人是我婶母的胞姐，我堂兄一直住在张家。张伯伯有四个子女，长子张宗炳，著名昆虫学家；次子张宗燧是著名物理学家，据说20世纪二三十年代与爱因斯坦齐名；三子张宗颎精通英语，由于早婚，考上庚款却没能出国留学；女儿张宗烨健在，中科院院士。张伯伯的三个儿子都比我大，我依次称为张大哥、张二哥和张三哥，女儿与我同庚，比我小几个月，我管她叫小妹。张东荪的长兄张尔田，著名清史专家，我称他为好爸爸。为什么这样称呼，我至今弄不明白，大概随张家兄弟的称呼吧。总之，我从小就认识张伯伯。他居住过的大觉胡同、东大地、朗润园和大城坊我都去过，但由于年龄的差距我对张东荪毫不了解。他见到我只摸摸头，好像没跟我说过话。

如果60年前问我，我会回答：“张东荪是燕京大学哲学教授，北平和平解放立过大功。”1949年建国前夕他来看过父亲，我也随父亲到过他家。1952年春天，我从学校回家，张伯伯正在同父亲谈话，我走进书房，叫了声张伯伯，父亲叫我出去。我走到书房门口听见父亲高声说：“你不要再说‘北平和平解放是生平第一快事了’，想想自己的问题，怎样才能过关。”张伯伯说：“志先，我听你的，我听你的。”我知道张伯伯出事了，检查通不过。但为什么他爱说“北平和平解放是生平第一快事呢”，为什么检查，又为什么通不过呢？我那时刚入大学，吸引我的新鲜事很多，没再留意张伯伯。后来又听说张东荪是美国特务，向燕京大学老校长司徒雷登出卖抗美援朝的情报。回来问父亲，父亲回答：“我也不清楚，东荪不会这样糊涂，你不要问了。”父亲似乎不相信张东荪是特务。直到最近读了戴晴女士的力作《张东荪和他的时代》才解开我心中的疑惑。有些事如果她不写我永远也弄不清楚。

张东荪是“五四”后中国著名学者兼社会活动家。哲学家牟宗三先生说，五四时期没有哲学家，“五四”以后有三位：熊十力、张东荪和金岳霖，因为他们的学说都成系统。牟先生的看法是否正确姑且不论，但从中可以看出张东荪的学术地位，能与熊十力和金岳霖相提并论的人并不多。熊先生和金先生的大作我没读过，张东荪的书我不仅没读过，甚至没见过，但读过他的著作的片断，多半是批判他的时候引用的。今天看来，他的很多预言都为五十多年的实践所证实。

张东荪专心著书立说，大概是从1930年秋天由上海迁到北京开始的。司徒雷登邀请他和乃兄张尔田一起到燕京大学任教，此前他在上海主持《时事新报》。1917年张东荪接手《时事新报》，他先抨击时弊，后渐转为介绍西方哲学，柏格森的《创化论》就是他翻译并在报上连载的。他又增编对中国文学影响深远的《时事新报》副刊《学灯》。《学灯》先刊载外国文学译著，1919年后开始发表国人的创作。张东荪聘请宗白华编《学灯》增设的《新文艺》版，郑振铎编文学副刊《文学旬刊》，为当时的文学青年提供了发表作品的园地。郭沫若的《凤凰涅槃》、茅盾用白话文翻译的一系列短篇小说、郁达夫的《银灰色的死》和徐志摩的《再别康桥》，都发表在《学灯》上。后来的共产党领袖张闻天和毛泽东不仅是《时事新报》的读者，也是撰稿者。可以说毛泽东那时就知道张东荪了。1921年毛泽东写道："……对于社会问题的解决，显然有两派主张：一派主张改造，一派则主张改良。前者如陈独秀诸人，后者如梁启超、张东荪诸人。改良是补缀办法，应主张大规模改造。"（《毛泽东文集》第一卷，人民出版社1993年版）

二

1949年1月初，解放军围困北平的时候，毛泽东在给林彪的电报中写道："……转告傅作义派有地位的能负责的代表和张东荪一道出城到你们那里来谈判。"1941年太平洋战争爆发后，燕京大学被查封，张东荪被日本人逮捕，在日本人面前表现得大义凛然，受到知识分子的敬重，他说的话，比共产党人的言论更令知识分子信服。于是毛泽东想起了张东荪，请他作为和谈的见证人。张东荪就这样参加了解放军与傅作义的和谈。但傅作义并不认识张东荪，介绍他们认识的是北平第一任市长、中国大学校长何其巩先生。何先生与傅作义是北伐时期的老朋友，与张东荪不时诗词酬和。何先生在北池子88号何宅宴请傅作义、邓宝珊和张东荪。我问过何其巩的后人那天的情形，她告诉我他们都在厨房吃饭，什么也不知道。但见过何其巩事先写好的一副送给傅作义的条幅：山重水复疑无路，柳暗花明又一村。

为保护北平的文物古迹和人民的生命财产，张东荪以64岁的高龄积极投入和平谈判。1949年1月7日张东荪与傅作义的代表周北峰冒着严寒越过封锁线，抵达平津前线司令部所在地——蓟县八里庄村。聂荣臻司令员接见了他们。聂司令问出城前傅作义交了哪些底？周北峰回答傅先生表示了几点想法：平、津、塘、绥一齐解决；平津解决以后能否允许其他报纸发行；军队不用投降或在城内缴械方式，采取分批调出城外整编方式。聂司令又问傅作义能否命令蒋系部队出城。周北峰认为中下级军官多为傅的人，傅能控制。张东荪接着说，他看傅作义已打不下去了，但傅要面子，得让他体面投降。傅先生派他们来是希望尽快达成和平协议，以免北京毁于战火，百姓遭受涂炭。聂司令把谈话内容电告中央，9日中央复电："……傅作义派人出来谈判，具有欺骗人民的作用，并有张东荪在场，故我们应注意运用策略……你们应与周北峰讨论实行此条的具体办法，逼傅在十二日开始实行，使张东荪看了认为我方宽宏大量，完全是为保全平津人民的生命财产……如张东荪不愿久待，即可派车送他来中央所在地，并派人妥为照顾。"

9日双方开始会谈。解放军方面参加会谈的有林彪和聂荣臻，傅作义方面是周北峰，张东荪也参加了。周北峰提出6个条件。林彪根据中央军委来电，谈了中共方面的意见。聂荣臻分析了当前形势和平津战局："傅先生除放下武器，把文化古都北平和工业城市天津保全下来，为人民做些好事，别无出路，希望傅先生早下决心，当机立断。"10日下午双方就军队出城改编、城市管理、人员安排进行最后磋商。解放军苏静处长整理出一份《会谈纪要》，并强调傅作义必须在14日以前答复。林、聂在《纪要》上签字，周北峰随后也签了字。《纪要》放在张东荪面前，请他签字，但张拒绝了："我是民盟成员，代表不了傅作义将军，只能在你们双方之间充当调解人和见证人。我这次不回城里了，打算返回燕京大学，而后起程去石家庄拜见毛泽东主席。"

张东荪见证了《会谈纪要》草签的过程，认为自己做了件了不起的大事，得意扬扬。返回燕京大学的当天晚上，张东荪在燕大礼堂作了著名的《老鼠与花瓶》的演讲：“北平是个花瓶，傅作义是瓶子里的老鼠。老鼠是可恶的，人人都想消灭它，但它却躲在一个精美的花瓶中；既要消灭老鼠，又要不打碎花瓶，就不得不采用和平方式，用和谈的办法解决。”朋友们纷纷写诗赞扬张东荪的功绩，他把这些诗以《围城题记》为标题，亲手抄录下来，并写了后记，准备留给子孙。他写道：“戊子冬，北平围城。余与刘厚同、赵少伯、彭岳渔、张丛碧倡议罢兵，以保全人民古物。以余为双方信任，使出城接洽。当时虑或不成，栗栗为惧，乃幸而一言得解。事后友人义之，有此题咏颂。余亦自谓生平著书十余种，实不抵此一行也。因装成幅，留示子孙。东荪自识。”“一言得解”，得意之情溢于言表。张东荪不仅在知识分子眼中增加了威望，在民盟中的地位也跃升到第三位，仅次于张澜和沈钧儒，1949年9月30日被选为中华人民共和国中央人民政府委员。张东荪此时有些飘飘然了。建国后不久，父亲到燕大东大地（燕东园34号）去看他，我也去了。午饭后，他上楼睡午觉，把父亲撂下不管。尽管是多年老朋友，这样做也算失礼。父亲倒不计较，带我到城府街遛弯，回到张府张东荪才从楼上下来。

毛泽东虽说过：“北平和平解放，张先生第一功。”但在内外政策上，两人的看法存在着巨大的差距，或者说完全对立。张东荪不赞成“一边倒”的对外政策，认为不能忽视西方，特别是美国，应与美苏保持同等关系。张东荪虽不一概反对革命，但对革命有自己的理解：“以增产而求平均，并非仅以再分配而求平均……这其间区别甚大，因为均贫富既非增加生产总量，并且同时对于增加生产的努力进行上反是一个妨碍，故必须力避此种过激而有害的举动。须知凡是一个革命，如果只把经济上的不平等用再分配的办法来平均一下，其结果并未使生产总量有所增加，这个革命终归失败。”

张东荪这些见解，毛泽东听了未必高兴，但在召开政治协商会议前夕，不便当面批驳——也许那时在毛泽东心里就产生教训张东荪的念头了。张东荪拜见毛泽东回家后，对家里人说，在石家庄西柏坡见到毛，话不投机……毛大谈梁启超，并说外交上将“一面倒”。

三

到1952年思想改造运动，张东荪就难过关了。2月8日在小文学院礼堂作检查。从未作过检查的人是作不好检查的。他们不理解作检查就是为了通过，而不是真心自我反省。张东荪的检查分三部分：第一，作为哲学系主任，没把哲学系办好，有做客思想；第二，对校务不大关心，开会不到；第三，对“骂人团”不理睬，让他们闹得自己翻船。他承认自己受到资产阶级学说的影响，是唯心主义的俘虏，喜欢马克思，但反对辩证法。这样的检查当然通不过。2月29日举行全校教职员工批判张东荪大会。据章诒和的文章：在这次大会上，有两个人的发言引人注目，一位是担任燕大教务长的翁独健……另一位就是已经调到历史系并有权代表历史系教师发言的翦伯赞。翁独健，这个哈佛大学毕业的大蒙古史专家的发言太令官方失望了。总共不到200字，讲了不到5分钟，只希望张东荪“低头向人民认罪”。翦伯赞就不同了。章诒和写道：“他的讲话辞锋凌厉……指认张东荪所谓的‘中间路线’完全是幌子，思想上是‘一贯反苏、反共、反人民’的……翦伯赞列举了以下事实作例证：1.张东荪在1931年出版的《道德哲学》一书里，就说‘资本主义不会灭亡，共产主义不能实现。如实现则劳动者就会饿死’。又说‘把马克思主义列为学说，乃人类之奇辱，是思想史上的大污点’。2.在1934年出版的《唯物辩证法论战》一书里，张东荪说‘马克思派的企图不但不会成功，其结果只弄成既非科学又非哲学的东西，终谓四不像而已’。3.在1946年出版的《思想与社会》一书里，张东荪说‘无产阶级专政是不民主的，结果必变成少数人的专政，而决不是无产阶级专政’。”这时一个揭发者走上台，展示张东荪在《唯物辩证法论战》一书上的亲笔题词：“如有人要我在共产主义与法西斯主义二者当中选择其一，我就会觉得这无异于选择枪毙还是绞刑。”会场哗然，仿佛爆炸了一颗炸弹。其实这句话不是张东荪说的，而是英国政治理论家柯亨的话，张东荪抄录了，说明他赞成柯亨的看法。张东荪自然又过不了关。

张东荪的问题驻校工作组处理不了，上交北京市委。北京市委请示中央统战部，统战部把张东荪转交给民盟中央。民盟认为张东荪的问题属于思想和言论反动，并没有反对共产党的行动。民盟副主席沈钧儒向中共统战部部长李维汉建议，让张东荪请假回家反省，李维汉表示同意。沈对张说：“不妨不动，请假反省。”这时毛泽东发话了。他在彭真呈报的材料上批示：“送来关于学校思想检讨的文件都看了。看来除了张东荪那样个别的人及严重的敌对分子外，像周炳琳那样的人还是帮助他们过关为宜。”周炳琳自然顺利过关，而张东荪在民盟总部接连检查了4次仍通不过。民盟主席张澜不得不过问了。张澜约李维汉和统战部副部长徐冰一同拜见毛泽东。张澜说：“东荪先生的问题还是从缓处理为是。”李维汉代毛讲出张东荪的要害：“我们不能和这样的坏人合作。他出卖了国家情报。”毛说，这样的人，坏分子张东荪，我们不能坐在一起开会了，并作出定案结论：辞职，既往不咎，按人民内部矛盾处理，养起来。张澜得知张东荪还有一个重大情节没有交代，即通过美国间谍王志奇向美国出卖抗美援朝的情报，大吃一惊，立即告诉了张东荪的夫人。

王志奇是个神秘的人物，我从未听说过。我堂兄知道有个姓王的与张东荪一起办过报，张东荪受他牵连。他就知道这一点，连王的名字也想不起来。1941年太平洋战争爆发后，张东荪的学生姚克殷被日本宪兵队抓进监狱，王志奇与他同号。王告诉姚，自己是因与苏联沈阳领事关系密切而被捕的，并吹嘘自己有钱，社会关系广泛。他们先后出狱后，姚克殷把王志奇介绍给自己的老师张东荪，并说："可以与王合作。"抗战胜利后，张东荪与姚克殷在北京办了一张小报《正报》，王志奇知道后解囊相助，后担任《正报》副社长兼经理。但王的资助很快就停止了，《正报》不得不因经费不足而停刊，王志奇也消失得无影无踪。旧政协闭幕后，国内形势不仅没缓和，反而紧张了。王志奇又出现了。他对张东荪说，先前只与苏联有关系，现在通过妻妹，与美国也搭上关系。接着王又消失了，再次出现已经是北平解放之后了。以后不断被捕又不断被释放，总之，行踪十分诡秘。但张东荪仍与他保持联系。1949年秋冬的一天，王志奇告诉张东荪，美国准备打第三次世界大战，麦克阿瑟正在部署。张东荪担心中国成为美苏交战的牺牲品，心中十分不安。张东荪请王志奇如有重大消息一定告诉他，并问王能否把他的意见转达给美方：第三次世界大战打起来，千万不要打中国；美方应当阻止蒋介石反攻大陆，不要让国民党进来；以及民主党派当中谁可以充当中美之间的调停人。王在张东荪的桌子上看见中央政府会议印发的材料《国家预算收入和商农所占的比例》，可见张东荪对王志奇信任到何等程度。不久民盟成员张申府告诉张东荪，王志奇因欠款被扣押，张东荪立即叫长子张宗炳出面把王志奇保出来。王志奇表示感谢，送张家4吨煤。1950年秋中国政府决定向朝鲜派志愿军。张东荪从会上得知，各民主党派将于11月3日发表宣言，支持志愿军入朝作战。2日晚上，张东荪约见王志奇，劝他尽快离开北京，因为中美即将成为交战国，无法再传递消息。张鼓励王继续在政治方面（非情报方面）努力，一定设法让美国不把中国当成敌人。王志奇离开北京，全家迁往香港，希望张能给他推荐一个在香港帮他翻译材料的人。张将上海的熟人朱高融推荐给他。朱到香港后，王叫他翻译情报，又不付薪水。朱不愿翻情报，认为翻译情报是下流工作，并断定王是骗子，1950年从香港回来。1951年春天，王志奇又出现在北京。他说刚从香港来，住在张申府家，得到政府特许，做进出口生意。但几句话后，他又探询张东荪对朝鲜战争的看法，并暗示仍有渠道把民主人士的意见转达给美方。张东荪终于觉察此人是骗子，请他赶快离开。这是张东荪与王志奇的最后一次见面，此后王志奇便永远消失。这大概就是"张东荪出卖情报案"的案情了。从此张东荪成了坏人。

四

张东荪这样的坏人岂能再住在燕东园，他从住了十几年的燕东园34号搬到校内朗润园178号，燕东园的小楼让给别人。这段时间张东荪的生活相对平静，与外人往来稀少，闭门读书。我堂兄1952年在我们家举办婚礼，记得那天张东荪也来了。这大概是他遭批判后第一次出门做客。他心情看来不错，一直笑眯眯的，记不得他说过什么话了，但记得这是我同他最后一次见面。马寅初离开北大后，张东荪也被清出北大，工资关系转到北京市文史馆，但一家仍住在朗润园。反右运动结束后，他不能在北大校园内容身，搬到北大东门外大城坊37号一座大杂院里。几家住户共用一个厕所，用水从胡同里提。张家提出安装自来水，学校满足了他们的要求。张东荪就在这座大杂院里迎来了自己的80寿辰。第二年"文革"开始了。在疯狂的年代，抄张东荪的家是意料之中的事。据张东荪的孙子张饴慈回忆："凶徒前来翻抄的时候，祖父站在一旁一动不动。骂他反共、反革命，他任凭他们骂去。唯当那些人骂他'汉奸'，81岁的老人猛扑过去，用头撞他们，要和他们拼命。"

1968年1月，张东荪和长子张宗炳同一天被关进秦城监狱。张东荪被关进监狱一两个月后，我从天津河北大学牛棚溜回北京。到了城府街，突然想看看张伯伯。我不知道他是否在世，张家住在哪里，也无处打听。灵机一动，去找城府一家理发店，进去问刘师傅还在不在。刘师傅走出来，尽管已经苍老了很多，但脸上的麻子还在，我断定他就是20世纪40年代给父亲、张东荪等教授理发的刘师傅。我问他知道不知道张东荪家的地址，他说知道，有两个月没给他理发了，并把我带到张家。张家住北房，我推门进去，一眼就看见张伯母。张伯母也马上认出我来。年过古稀的张伯母并不显老，还是我最初见她的样子。她对我说张伯伯被几个军人带走了。军人发现家里有件美军皮猴，拿起来厉声质问皮猴是哪里来的，张伯伯说和谈的时候林彪赠送的，军人赶紧恭恭敬敬放下皮猴。张伯母忽然骂起我婶母来，骂她没有良心。其实婶母一直挂念老姐姐，几次要来看她都被我堂兄阻拦住。在那人人自危的年代哪还有亲情呢。张伯母叫我等大华（张宗烨）回来，我身为牛鬼蛇神，溜回北京，岂敢在“美国特务”家久留，没等大华回来就向张伯母告辞。一生相夫教子的善良女人在这几间破旧的屋里住了30年。

张宗烨以母亲的名义给周恩来写信，不敢提丈夫张东荪，只询问儿子张宗炳的下落。这封信竟神奇地落到周恩来手中。周恩来批准张家可以到秦城监狱探监。这时张东荪已转移到复兴医院。张宗烨陪着母亲赶往复兴医院，这对恩爱的老夫妻终于见面。张东荪对妻子说：“林彪出事了。”张伯母说：“别瞎说，好好的。”张东荪说：“你不用瞒我，我看得出来……还是我对。”“还是我对”指的是中美建交。这时中美建交的《上海公报》已经公布。

张宗炳是著名的昆虫学家，美国康乃尔大学博士，北京大学教授。1968年与张东荪同日被捕。这位单纯、天真、待人和蔼可亲的张大哥在监狱里被逼疯了。张宗炳1973年出狱，儿子张饴慈记得：“……他已被整成神经病。发病的时候，同时装成两个人：一会儿是审判员，横眉怒目；一会儿是犯人，可怜又无奈。那时家里已经没有房子，他回来就和奶奶住大城坊——他在病中只相信自己母亲一人。”在老母亲的精心看护下渐渐康复。1981年公安部给张宗炳作了结论，否定特务嫌疑，并补发了关押期间的工资。张大哥在张家兄妹中给我的印象最亲切、随和。每当在电视上看到农作物害虫成灾的时候，我便想起他。如果他参加灭害虫，以他的学识和才智，定能发挥作用。

次子张宗燧1969年底不堪凌辱服安眠药自杀，终年54岁。张宗燧是著名物理学家，剑桥大学毕业生。曾在剑桥开课，恐怕是第一个在剑桥开课的中国人。他是中国科学院学部委员。张宗燧是卓越的科学家，但对中国政治一窍不通。比如毛泽东说“美帝国主义是纸老虎”，张宗燧就不同意毛的论断，说美国的科学非常厉害。遭同事批驳后，他辩解：“如果非要说美帝是纸老虎，那也是厚纸做的。”毛说“工人阶级必须领导一切”，他说：“工人阶级不能领导科学研究。”总之，张宗燧与当时的政治环境格格不入，难以生存。《中国大百科全书》有张宗燧条目，对他的科学成就给予很高的评价。我与他最不熟，只见过一两面。还记得他在中山公园来今雨轩举办婚礼的情景。张宗燧一身笔挺的西服，新娘傅小姐身穿深色旗袍，两人款步走向亲友，向大家致谢。三子张宗颎是我见面较多的人，1946年在张家口解放饭店还同他见过一面。他在我的纪念册上写道：“英年小弟愿你长得又高又大，志气也高大。”那年我12岁。张宗颎的问题是所谓电台问题。“文革”期间天津革命群众逼他交出电台。这个问题公安部门早已作出结论，不是敌台。电台是他表姐夫林嘉通的，用来收听新华社广播。太平洋战争爆发后，怕日本人查出，早已毁掉了。张宗颎交不出电台，与妻子双双自杀，时年46岁。

张家第二代健在的只有张宗烨院士一人了，也已垂垂老矣。我的纪念册上也有她写的话：“我们要做好儿童，将来努力为国争光。”她实现了儿童时代的理想，在高能物理方面作出卓越的贡献，为国家争了光。

“长袍先生”张澜

智效民

他为什么身穿长袍

我的父亲是“民主人士”，因此在我童年的记忆中，印象最深的是张澜先生身穿长袍、面留长须，与毛泽东、周恩来、刘少奇等人并肩站立在天安门城楼上参加开国大典的那张照片。

老照片之所以弥足珍贵，是因为其中包含着出人意料的历史信息。然而多年来，我却一直没有充分解读的能力。直到最近，才略有所悟。

这感悟大概与下面两件事有关。

一是2008年底，我去安徽绩溪参加“纪念胡适诞辰117周年学术研讨会”时，台湾“中央研究院”胡适纪念馆潘光哲主任在会上展示了一张大家熟悉的照片。照片上的蒋介石正襟危坐，非常严肃，坐在旁边的胡适却跷着二郎腿，满面笑容。潘先生感慨地说：在那个时候，除了胡适之外，谁敢在蒋介石面前有这样的表现！

二是2009年初，我读了戴晴写的《张东荪和他的时代》。书中选用了一张1949年民盟代表团在中南海的合影，并向读者介绍说：在这18人中间，只有张澜和张东荪穿着长袍；相比之下，“最在意装束的史良”已经穿上当时最时髦的列宁装了。

在传统文化中，“衣冠服饰”具有特殊的意义。它不仅是社会

张澜与夫人合影

形态与正统地位的标志，也包含着人们对现实的态度与角色的认同。正因为如此，清兵入关后实行严厉的“易服剃发”政策。1949年新中国建立后，中山装和列宁服立刻成为一种社会时尚。据说在开国大典前夕，周恩来曾拨出专款让张澜置办服装，张以不愿耗费公帑而谢绝这笔款项。于是，在开国大典上，张澜贵为国家副主席，但依然是布衣长袍，给人一种不阿世、不媚俗的深刻印象。

除此之外，张澜之所以身着长袍，恐怕还有另外一层意思。

自古以来，搞政治的人都离不开军队。但是以张澜为首的中国民主同盟，却是一个以文人为主体、以“从不沾手军队”为宗旨的政治组织。再加上旧时文人习惯于穿长袍，因此张澜及其同人被称为“长袍先生”。（戴晴《张东荪和他的时代》，香港中文大学出版社2009年版）

张澜、张东荪等人在1949年后仍身着长袍，不仅表现出一种独立的人格取向，也体现了崇尚现代文明、反对依赖暴力的基本理念。

也许人们会怀疑这样的分析有些勉强，但只要读一读《张澜文集》，特别是其中的一封信、一篇文章和一个提案，就会有释疑解惑的作用。

张澜致蒋介石的一封信

张澜一生曾多次致信蒋介石，这里只介绍1943年7月6日那封信。

当时国际反法西斯战争节节胜利，国内形势却不容乐观，于是张澜给蒋介石写了一封信，他在信中首先指出："……国际战事，虽胜利可期，而国内政治情形，则忧危未已。"这种"忧危"主要表现在三个方面：一是人才未能集中，二是民意未能伸张，三是党争未能消弭。这一切，主要是因为不实行民主政治。张澜紧接着分析说：第一，所谓人才，本来是供国家使用的。但是现在政府用人，却只问党籍，不问才干。这样一来，那些才智贤能之士不仅会遭到排斥，还可能为敌人所用。因此只有建立真正的民主制度，才能从根本上解决这个问题。

第二，所谓民意，就是民之好恶。但是现在民意机关的代表，都要由党部和政府指定。这等于是只有党意、官意，唯独没有民意。在这种情况下，如果有人批评政府，指责时弊，就会被视为反动。另外，由于"官吏敷衍，惟肆贪污"，再加上"人民遭受压抑、痛苦百端……厌恨之情到处可见"，因此只有实行民主政治，并"废除言论、思想、出版的统治与检查"，发挥舆论监督的作用，才能建立"政治修明，人心悦服"的社会。

第三，所谓党争，是由于"国民党与中国共产党各有主义，各有区域，各有军队"所致。所以国共两党能否合作，就成了全国人民最关心的大事。

在这封信的最后，张澜还恳切地说：如今国民政府正在准备实施宪政，宪法草案也已经在研究讨论之中。假若能够乘此机会实现民主政治，不仅在目前可以集中人才、伸张民意、消弭党争，而且在抗战结束以后，还可以迎来"国内统一，国际平等"的新局面。因此他希望蒋介石既不要"徒貌民主之名，而不践民主之实"，更不要"内不见信于国人，外不见重于盟邦"，从而使国家前途陷于不幸。

沈钧儒、张澜、鲜英、李公朴合影

蒋介石说，“张表老‘训’了我一顿”

两个月后，即1943年9月17日，是国民参政会三届二次会议召开的前一天。当天晚上，蒋介石邀请张澜等人讨论宪政问题。张澜当面要求蒋介石立刻结束训政，还政于民，但是蒋介石不以为然。第二天，蒋介石在开幕式上不无幽默地说：“训政还是需要的，昨天，张表老不就‘训’了我一顿吗？”（余科杰《张澜评传》，群言出版社2002年版）

国民参政会开会的第一天，正好是“九一八”事变12周年。为纪念这个日子，张澜写下了《中国需要真正的民主政治》。该文不仅揭露了国民党一党专制的弊病，还阐述了实行民主政治的迫切性和必要性。文章分五部分：一、近代民主政治的消长；二、什么叫民主政治；三、什么叫党治；四、训政与宪政；五、中国今天需要从速实行真正民主政治。

在第一部分，张澜首先回顾了1940年前后政治思想领域的基本情况。他说："二战"之前，法西斯主义盛行，所谓"领袖独裁，厉行党治"的思想曾经风靡一时。"二战"之初，由于轴心国的军事胜利，致使许多人以为独裁政治将成为世界政治的一种合理形态。但是随着战争的进程和美英两国的胜利，人们才逐渐认识到民主政治将成为各国政治形态的唯一准则。于是蒋介石在国民党十一中全会宣布：要通过实行宪政还政于民。张澜认为，这一承诺"宣明了国民党的民主精神……读了令人钦佩，令人庆幸"。

在第二部分，张澜指出真正的民主政治至少要具备以下几个条件：

第一，政治主权一定要掌握在全体国民手里，而不是掌握在一个人或一个党的手里。

第二，政治民主分直接民主和间接民主两种。

第三，在实行间接民主的时候，代表应该按民众的自由意志直接推选，不得由党派或政府指定。

第四，各地人民参与中央政事，应该自由行使其选举、罢免、创制、复决的权力，不得有威胁利诱之事。

第五，任何人都要严格遵守宪法，即使国家元首也不例外。

在此基础上，张澜还批驳了实行民主政治必须经过训练和民主政治效率不高的错误论调。他说："民主政治，实在是人类进化的最合理的政治"，只有这种制度，人民的自由才有保障，国家的利益才有保证。

第三部分，张澜分析了政党政治与"党治"的不同。他说，政党政治是由间接民主制度产生的。政党执政后要允许反对党存在，要承认"全国官吏军人警察学生……是属于国家的，属于人民的"，因此不能强迫或变相强迫他们入党。这是民主的真谛！相比之下，"党治"是一个党获得政权后不能还政于民的产物。之所以如此，是因为他们把国家视为私有，把党权凌驾于国权之上。他们鼓吹的

"党即国家，与所谓朕即国家，毫无二致"。这种"党国不分"的政治制度有两大弊害：一是独裁者唯我独尊，唯我独智，并必然会导致官场上贪污腐败的盛行；二是不允许有反对的言论和行为，因此需要大批特务人员维持其统治。

第四部分，张澜根据有关规定，指出训政的本意是要训练国民行使政治权力，但事实上多年来无论中央还是地方，虽然办了无数训练机构，却从来没有听说举办过"国民使用政权的训练"。因此他希望国民党早日结束训政，实行宪政。

第五部分，张澜认为民主政治有形态与实质等区别。如果不能"放弃一党专政，结束党治，取消党化，所谓真正的民主政治，便将永远无从谈起"。为此，他提出从速实行民主政治的四个"要点"，其中包括"人民有权来监督政府、纠弹官吏"等内容。(《张澜文集》，四川教育出版社1991年版)

由于这篇文章无法正式发表，张澜便把它油印成小册子广为散发。1944年2月，延安《解放日报》发表专题文章，指出张澜的文章"风行一时，对各方影响甚大"，对其内容作了详细报道。

从浦熙修对张澜的采访说起

皖南事变后，为调解国共两党的纠纷，几个党派联合组成中国政团同盟，公推黄炎培为主席。不久黄炎培辞职，由张澜接任。1944年，为了适应形势的发展，中国政团同盟改组为中国民主同盟。1945年抗战胜利后，国共两党举行重庆谈判，并签署《双十协定》。按照《双十协定》的约定，政治协商会议于1946年1月10日在重庆国民政府礼堂开幕，张澜率梁漱溟、罗隆基、黄炎培、沈钧儒、张申府、张东荪、张君劢、章伯钧等人代表民盟出席会议。

有意思的是，在会议召开之前，《新民报》著名记者浦熙修采访了张澜，并作了如下报道：

罗隆基、沈钧儒、张澜、史良、章伯钧合影

政治协商会议中，民主同盟参加的代表将是九人，记者昨日前往访问了该同盟主席张澜先生。他那坚定而坦白的态度，确称得起为第三方面的领导人物。他说抗战以来和蒋主席谈过十次上下，因为他自己谈话直憨，有时不免使对方脸红筋涨，但蒋主席始终容忍，这就是不愧为政治家风度……

浦熙修1936年起在南京《新民报》当记者，1944年加入民盟。她之所以成为一名著名女记者，是因为她认定“一个记者的条件，除了基本的知识外，需要有热情、良心、正义感，并且要有吃苦耐劳为社会服务的精神”。1946年政协会议期间，她因为写了许多有影响的人物访谈而声名鹊起，与大公报的彭子冈、杨刚被称为报界“三剑客”。再加上新华社的戈扬，则被称为新闻界的“四大名旦”。

张澜于1955年逝世，享年83岁。

闻一多、潘光旦、罗隆基轶事

李　凌

清华三志士

闻一多、潘光旦和罗隆基都是清华学堂（清华大学前身）1921年毕业生。1921年为辛酉年，该级又称辛酉级。

就在辛酉级进入最后一个学期的1921年，北洋政府长期拖欠工资的行为激起大学教职员的愤怒，他们开展了索薪罢课斗争，22所学校的600多名学生聚集在新华门前请愿声援，遭到殴打，60多名学生受伤。这就是“六·三惨案”。北京学生联合会当即罢课罢考，抗议暴行。

清华学堂是用庚子赔款办起的，一向没有教职员欠薪问题，“六·三惨案”前，学生并未参与抗议运动。遭北京学联批评后，清华学生会经讨论认为不应置身事外。校方当局意欲阻止，先后两次以“大考不到场视为自动退学”施压，闻一多、罗隆基等29名学生仍拒绝大考。潘光旦表示，即便放弃出国留学机会也不屈服（清华是留美预备学校，按规矩，学生学习8年，毕业后可公费留美5年）。

最后，迫于舆论压力，清华对这29名学生的处分仅限于留级一年，即1922年才能毕业。

在清华读书期间，潘光旦成绩十分优异，曾交一篇论文请梁启超审阅，梁读后大加赞赏，批曰：“以子之才，无论研究文学、科学乃至从事政治，均可大有成就，但切勿如吾之泛滥。”次年，潘又成一文，梁再批：“对于部分的甚为精密的观察，持此法为学，无不济矣。以吾弟头脑之莹澈，可以为科学家；以吾弟情绪之深刻，可以为文学家，务将趣味集中，务成就其一，勿如鄙人之泛滥无收矣。”1922年潘光旦清华毕业后赴美国达茂大学深造，插入三年级，当时清华毕业生赴美留学一般插入二年级，能插入三年级已属非常，而潘光旦在三年级读完一个学期后，收到该校教务长Laycock的信：“对不起，你该读四年级。”1924年，潘光旦在达茂大学获学士学位后转入哥伦比亚大学研究生院主修动物学、古生物学、遗传学，1926年获硕士学位。潘光旦并未遵守梁启超的教导，研究范围十分广泛。

清华毕业后的闻一多与罗隆基亦相继赴美留学。到美国后，闻、潘、罗看到一些中国留学生只知玩耍，不关心国事，就于1924年组织成立了大江学会（大江会），宣传国家主义和爱国主义，冀望唤醒颓废的同胞。

相互提携又曾意见相左

因不堪忍受美国人对华人的种族歧视，在美仅3年，闻一多即于1925年回国。回国后的闻一多面对政治腐败、军阀混战的时局无能为力，心中备感苦闷；长女立瑛早夭，更增添了他的悲戚。这一时期他所作诗篇多透露出对现实的怨恨。身体亦每况愈下，痰中常带血丝。

1926年，潘光旦学成回国，到上海吴淞政治大学任教，旋即介绍闻一多到该校任训导长，并请他住到自己家中。

1927年7月1日，新月书店在上海成立，闻一多与潘光旦、梁实秋、徐志摩等11人受聘为董事（罗隆基于1928年加入），并创办

罗隆基像

《新月月刊》。闻一多出任该刊编辑，最初希望把它办成文艺刊物，也在该刊发表了一些诗作、论文和传记。1930年秋，罗隆基接手主编《新月月刊》，并在该刊发表文章，提倡言论自由，批评国民党的“党在国上”、“以党治国”。为此，《新月月刊》被封，罗亦被捕，后经胡适营救出狱。

然而，闻一多却对罗隆基的行为表示不理解。梁实秋在《谈闻一多》一书中回忆，他曾和罗隆基一起去看望闻一多，那时的闻一多专注于中国古典文学研究，对政治不太关心。他对罗隆基批评政府文章的内容没有过问，倒是对罗写作此类文章的动机提出质疑。他说：“历来干禄之阶不外二途，一曰正取，一曰逆取，胁肩谄笑，阿世取宠，卖身投靠，扶摇直上者谓之正取；危言耸听，哗众取宠，比周谩骂，希图幸进者谓之逆取。足下盖逆取者也。”

闻一多生性刚烈，疾恶如仇，对一些人和事，认为不正确的，即使最熟悉的朋友，也不留情面，此次批评罗隆基即为一例。好在历史风云际会，闻、罗二人于抗战期间同在西南联大任教，共同参加爱国民主运动，批判国民党一党专政，在许多问题上取得共识。闻一多于1944年参加民主同盟，介绍人之一就是罗隆基，另一人是吴晗。

“没有民主不能救中国”

在中共地下组织领导下，1935年清华等校学生发起抗日救亡运动（即“一二·九”运动），发表宣言，游行示威。1934年回到母校清华大学的潘光旦时任社会学系主任兼教务长，内心同情进步学生，但也不得不对国民党政府有所应付。据当时的进步学生钱伟长回忆，潘光旦“作教务长，每次我们找他当面谈，可是完了之后，他总把我留下，偷偷地告诉我一句话：‘你们听了就过去了，学校并不是完全反对你们的，不过外头不要宣传，我们做缓冲的人。’他说：‘我们还得对上头，对南京讲话。’所以他对学生运动的人，一般是不处分的，就开除过两名学生会主席，也都是开除之前先把他们安排妥了，走了再公布，贴个名单应付南京。”

1944年8月，国民党第五军军长邱清泉附庸风雅，邀请西南联大的教授们到军部讲座。联大校本部（新校舍）地处昆明西站附近的交通要道，校门口经常看到疲惫不堪、骨瘦如柴的士兵队伍，有的还被半捆绑着，由军官押着走。因此，教授们的发言总离不开士兵问题。冯友兰等教授质问：这样的士兵能打仗抗日吗？国家给军队的给养哪里去了？大家心知肚明是军中层层克扣军饷所致，而国民党高级军官们却辩解说是运输不及时道路不畅等原因造成的。听闻此言，闻一多霍地拍案而起，说：“我们在这里听见各位长官的话，才知道战略上也有问题，我只差在街上号啕大哭”，“我们可怜到如此地步，仍然在座谈……也没有什么可讨论的，只有干，非常时期要用非常手段，只有一条路——革命！”

潘光旦像

一席话使国民党高

级军官举座震惊。流传出去，人们更是议论纷纷，有人说“闻一多是穷疯了”，还有传说教育部要解聘闻一多、潘光旦，后不知何故未见实行。

在抗日战争中，国民党军队一溃千里。中共一再指出，国民党必须结束一党专政，组织联合政府，发扬民主，挽救危局。中共的主张得到广大知识分子和人民的拥护。1945年“五四纪念”活动中，闻一多演讲说：“我们今天第一要民主，第二要民主，第三还是要民主。没有民主不能救中国！没有民主不能救人民……没有民主也就不可能发展科学。”

教授之死

1946年5月4日联大结束，2000多名师生北上平津到北大、清华、南开复学。反动派以为联大一走，民主力量削弱，便开始大力反扑，于昆明近日楼及附近街道张贴标语、大字报，把闻一多说成“闻一多夫”，把罗隆基说成“罗隆斯基”，污蔑他们是拿卢布的苏联特务，并悬赏40万购闻一多人头。不久，李公朴、闻一多先后遭暗杀。

昆明环境日趋险恶。1946年10月，潘光旦回北平，继续任清华大学社会学系教授，并兼系主任和图书馆馆长两职。

1949年10月1日中华人民共和国成立，这位“独腿教授”满怀激情，靠一条腿两根拐杖步行参加了开国大典游行。1952年10月，全国院系调整，社会学系撤销，潘光旦被调往中央民族学院从事少数民族史研究。对待新工作，潘光旦一如既往地认真执著。1956年，他与北京大学历史系教授向达到湘西北等地调查研究，拄着拐杖在山区跋山涉水，走访各方面人物，确定了土家族的存在。1957年3月，他们以全国政协委员身份向政协会议提出建立“土家自治区”的建议。因土家族与湘西苗族自治州的苗族人杂居，两族之间存在隔阂，他们在建议中提出两族应相互协商，“能合，固然好，但也不要勉强，勉强合，不如分”。

没有料到的是，这个原本合理的建议（后来中央决定于1957年9月成立湘西土家族苗族自治州），却在1957年整风运动中，成了潘、向二人“破坏民族关系”、“向党进攻”的罪状。

罗隆基亦在此次运动中被撤去民盟中央副主席、全国人大代表、森林工业部部长等职务，仅保留全国政协委员身份。周总理说，罗隆基可以出国。香港也有人请他去办报，但他执意不去，说死也要死在国内。年逾花甲的罗隆基，一直孤独地守在北京罗府，于1965年12月7日悄然逝去，享年67岁。1986年民盟为罗隆基举行纪念活动，中共中央统战部部长阎明复发言指出，“罗隆基先生的全部历史和全部工作，总的来说是爱国的、进步的，为我们民族和国家做了好事，是值得纪念的”。

潘光旦被撤去民盟中央常委职务后，仍乐观地从事研究工作，但在1966年的狂飙中，又被划为“反动权威”，被强迫劳动，甚至遭到殴打。他受命拔草，因只有一条腿，不能如正常人一样蹲地工作，恳请自带小凳，却未获准许，只得坐在潮湿的地面，清除一片野草后再爬行到前面继续工作，就这样从早到晚不得休息。晚间则睡在厨房外一间小储藏密室。几个月下来，积劳成疾，潘光旦患上了膀胱炎和前列腺

闻一多像

炎，但因是“反动权威”，得不到应有的医治，女儿们也被隔离批判，不能伺候老父亲。就在这一年的6月10日潘光旦阖然长逝。

潘光旦在西南联大授课时，开设优生学、中国社会思想史、西洋社会思想史等课程，并经常为报刊撰写心理学、家庭问题、进化论、遗传学等方面的文章。他提倡民主，主张学术自由，并在教学中实践其主张。有一次讲到家庭问题，他提出一种观点：妇女最好40岁后参加工作，因为这时的妇女已结婚生子，子女得到了母亲的呵护教育，母亲没有了家庭负担，精力更集中，事业家庭可以兼顾。观点一亮出，就有女同学站起来反驳，部分男同学则同意潘的说法，双方展开辩论，唇枪舌剑，你来我往，很是热闹。潘光旦则手拄拐棍，口含烟斗，微笑倾听。他认为，问题不在于谁是谁非，双方理由可相互补充，重要的是通过这种方法培养独立思考、自由争论的好风气。

潘光旦讲课一向语调温和，有时面带微笑，但讲到人类社会上的“反淘汰”现象时，忽然面容严肃、语气悲怆起来。“反淘汰”现象，即指在优生学中理应得到鼓励和繁殖的优秀、先进、勇敢的分子却常常惨遭不幸。潘先生列举欧洲中世纪的“异端裁判所”（即“宗教裁判所”）及布鲁诺被教廷烧死与中国历史上的因言获罪和文字狱为例，对遭遇不幸的先进分子颇觉惋惜。

光旦先生为民主事业奋斗不息，他的“反淘汰”论对于学生可谓开智启蒙，不曾想到的是，最后，他自己和当年在昆明为爱国民主运动奋不顾身、奔走呼号的吴晗等老教授竟成为这一理论的注脚。

新闻报国：邵飘萍的不归路

傅国涌

邵飘萍像

20世纪30年代，毛泽东在陕北窑洞里回忆当年在北大的情景，曾对斯诺说："特别是邵飘萍，对我帮助很大。他是新闻学会的讲师……一个具有热烈理想和优秀品质的人。"

1949年后，毛泽东不承认是胡适的学生，说自己其实是邵飘萍的学生。

民国元年春节，四千年来所未有的新国出现在地平线上。青年邵飘萍（邵振青）登临杭州"吴山第一之峰"，所见所闻让他百感交集，遂以"可佩、可敬、可爱、可喜、可哭、可怜"为题泪写随笔一则，发表在1912年2月23日的《汉民日报》，活生生地画出了新旧交替之际的杭州。

新闻是明天的历史。作为报人，邵飘萍最值得肯定的是他敏锐的洞察力。1911年12月18日，他在《汉民日报》驳斥严复所谓"人民程度未至，不适于共和"的国情腐论。1912年2月22日，他发表时评说："帝王思想误尽袁贼一生。""袁贼不死，大乱不止。同胞同胞，岂竟无一杀贼男儿耶？"

新生的民国舞台上，到处有让他愤而不平的事。但他的新闻报国之志没有因此动摇，而是决心将假共和变为真共和，从此以报为媒，以笔为枪，从西子湖头出发，踏上了一条不归路。

开辟了职业报人之路

邵飘萍（1886~1926），生于浙江东阳，在杭州生活了五年多，但这几年对他的一生是至为重要的。正是在杭州求学的三年，他确立了新闻报国的志向；在杭州《汉民日报》的两年，他正式踏上了新闻报国之路。

1906年，他从金华省立第七中学毕业考入浙江高等学堂（浙江大学前身）师范科，1909年毕业，其间已对新闻发生浓厚兴趣，梁启超的文章曾让他如痴如醉。入学不久，他开始为上海的报馆做“访事员”（相当于现在的通讯员），常写些通讯稿。他的浙高同学中后来从事新闻事业卓有成就的还有陈布雷、邵元冲，但只有邵飘萍一人以新闻事业终其一生并以身相殉，其他两人中途弃文从政。在同学张任天（后来他们一起办过《汉民日报》）的记忆中，他“学习成绩好，书法好，文章写得好，琴也弹得好，就是不爱好体育运动”。“喜欢写稿，便外出到处采访，连鸦片馆也去。他的文章写得既快又好，我们都很推崇他。”陈布雷回忆录中也称誉邵飘萍“才气横溢”。

1908年春天，杭州各学校在梅登高桥体育场联合举行运动会，在图画教师包蝶仙指导下，邵飘萍和两个同学编印了一份油印小报，这是他正式办报的一个小小前奏曲。三人还分了工，陈布雷为编辑，张任天和邵飘萍为访员（记者）。

少年时代，邵飘萍就在金华与革命党人、办过《萃新报》的张恭有过接触。他认同光复河山、创立民国的革命，对秋瑾始终怀有敬意，曾与秋瑾通信并很可能在求学期间见过从日本回来的秋瑾。

1911年12月31日，秋瑾被害已有4年多，他在发表的随笔中还提及秋瑾。他翻捡旧物，见到秋瑾当年写给他的亲笔信，感慨难已：“常忆接到此书时，距秋女侠之死已半月，初闻之而大惊，继审视邮票上之月口，知为秋女侠被害之前五日所发者，欲寄回书已无从寄矣。呜呼！”

实际上，清末民初的人们对报纸从业者十分鄙视，报社的主笔、访员都被看做是“不名誉之职业”，受到官场仇视和社会轻薄。左宗棠所谓“江浙无赖文人，以报馆主笔为之末路”。这些邵飘萍当然不会不知道，他在《实际应用新闻学》中说过，社会之所以不重视访员（记者），一半是由于缺乏对新闻事业的重视，一半是由于访员大多数缺乏新闻知识和训练素养，其中有许多不能自重人格的不健全分子。正是从黄远生和邵飘萍开始，真正提升了新闻的地位，某种意义上说是他们开辟了职业报人的道路。在他们之前，梁启超、于右任等人都是政治家办报，只有更早的王韬是文人办报，但那不过是个别例子而已。

“报馆可封，记者之笔不可封”

邵飘萍在学期间即为上海老牌大报《申报》撰写通讯，毕业后回故乡金华任教，继续撰稿，并被聘为“特约通讯员”。1911年11月杭州光复，老报人杭辛斋邀请邵出任《汉民日报》主笔。1913年初他全面主持《汉民日报》笔政。其间继续任上海《申报》、《新闻报》地方通讯员。1912年1月起兼任浙江军政府主办的《浙江军政府公报》编辑，并被推为全省“报界公会”干事长。

《汉民日报》是邵飘萍进入新闻界的第一个平台。“小荷才露尖尖角”，但已出手不凡，显示了新闻方面的才华和操守，以“笔锋犀利，为时人所重”（章达庵:《杭州报刊小史》）。从1911年11月5日至1912年11月30日，他在《汉民日报》发表了186篇文章，大多是短小精悍、笔法老辣的时评。批评矛头主要指向当地的权贵强势集团。他甚至讽刺当时浙江最高当权者朱瑞和袁世凯是“猪”、“猿”一群。

在《汉民日报》时期，他有了一系列清晰的想法：“报纸对于善事，有引导维持之责任；对于恶事，则有监督纠正之责任：或赞扬，或痛骂，皆尽应尽之责任，无丝毫成见于其间。”（见《汉民日报》1912年3月9日）他后来回忆：“愚初办报之时，系在浙江，当时革命以后，军人势力弥漫政界，凡有攻击彼辈之新闻登载后，每来函请将原稿及访员交出，以便直接加以惩创。”这种行径他一概予以驳回，表示一切都由自己负责，“至于原稿及访员姓名，无论何时何地，照例向不示人”。1912年月10日他曾提出：“报馆可封，记者之笔不可封也；主笔可杀，舆论之力不可蕲也。”为此他不怕吃官司，不怕当局唆使流氓深夜潜入报馆纵火，不怕遭刺客暗杀，不怕被捕下狱，并在《汉民日报》的短短两年间一一体尝。

邵飘萍回忆，从1911年11月至1913年8月他在《汉民日报》，“忽忽三载，日与浙江贪官污吏处于反对之地位，逮捕三次，下狱九月”。

1913年8月10日，邵飘萍被捕入狱，罪名是“扰害治安”和涉嫌参与讨袁。被捕之前，杭州《天钟报》、《平民报》、《浙江民报》等被朱瑞下令查封，《浙报》受到停刊三星期的处分，他还以全省报界公会干事长身份在临时大会上要求当局缩短《浙报》停刊的期限。8月17日，《汉民日报》以“诋毁中央”、“包庇乱党”、“于地方治安有害”等罪名而被关闭。当年12月，他一出狱即离开杭州，不久东渡日本。

作为那个时代最优秀的报人之一，他的目光从来没有为地域所限，即使在杭州《汉民日报》时代，他更多关注的还是整个国家的命运、前途，新生的共和制度是否名副其实。到了后来的《京报》时代，他关注的已不仅仅是中国的内政，对国际事务、世界思潮亦怀有极大的兴趣。

毛泽东拜师邵飘萍

1915年末，邵飘萍应上海新闻界之邀回国，以“阿平”等笔名在三报执笔，与西南的护国军遥相呼应，对袁世凯的洪宪帝制大张挞伐。据《时事新报》不完全统计，他发表社论36篇、时评134篇。

袁世凯倒台不久，7月31日，邵飘萍出任《申报》驻京特派员，两年间写了两百来篇“北京特别通讯”，且自办一家通讯社。1918年10月5日，他辞去《申报》驻京记者之职，创办了著名的《京报》，他的梦想终于实现了。他在创刊词《本报因何而出世乎》中明确提出自己的办报宗旨，“必从政治教育入手。树不拔之基，乃万年之计，治本之策……必使政府听命于正当民意之前，是即本报之所作为也”！《京报》一开始只有他和潘公弼两人，无党无派，不以特殊的权力集团为后盾，主张言论自由，自我定位为民众发表意见的媒介，很快得到广大读者的喜爱，名动一时。

邵飘萍从此走上一条自资独立办报的艰辛道路。其言论既不受外国通讯社左右，又不受军阀操纵，排除各种干扰，开创了20世纪中国独立的新闻事业。他大书“铁肩辣手”四个大字（取自明朝杨椒山诗句“铁肩担道义，妙手著文章”，将“妙”字改成了“辣”字）悬于报社墙上，勉励同人。他主张新闻记者是“布衣之宰相，无冕之王”，是“社会之公人，是居于统治者和被统治者之外的第三者”，报纸应该监督政府，还应该教育民众、唤醒民众，80多年前，他就是在这些思想支配下，把《京报》真正办成了人民大众自己的喉舌。当然，他也为此付出了生命的代价。

1918年10月，邵飘萍促成北大成立了新闻研究会，蔡元培聘他为导师，这是中国新闻教育的开端。当时《京报》刚刚创立，工作非常繁忙，但他一直坚持每周去上课。他提出记者要“主持公道，不怕牺牲”，品性要完全独立，有操守人格，做到“贫贱不能移，富贵不能淫，威武不能屈”，“泰山崩于前，麋鹿兴于左而志不乱”，强调记者要“探究事实不欺阅者”，还讲授了大量新闻学的基本知识（如采访、组稿、编辑、校对等），并指导创办了《新闻周刊》。

1919年10月，得到一年结业证书的有23人，得到半年证书的有32人。我们今天再看这份名单，不禁感慨万端，其中有不少是中共早期领袖人物，如毛泽东、高君宇、谭平山、陈公博、罗章龙、杨晦、谭植棠等，还有著名的无政府主义者区声白等人。55人中有的终身从事新闻事业，成为早期中国新闻界的中坚。

毛泽东曾多次拜访邵飘萍，并得到其慷慨资助。1919年12月毛泽东第二次到北京（邵飘萍此时已被迫第二次亡命日本），还在已被封闭的《京报》馆内住了一个多月：在新闻研究会学习的半年，毛泽东获益匪浅，在他的身上我们依稀还能看到邵飘萍的影响。北京一别虽再无见面机缘，但毛泽东终生忘不了邵飘萍。30年代，毛泽东在陕北窑洞里回忆起当年在北京大学的情景，曾动情地谈起“铁肩担道义，妙手著文章”的邵飘萍。他对斯诺说：“特别是邵飘萍，对我帮助很大。他是新闻学会的讲师，是一个自由主义者，一个具有热烈理想和优秀品质的人。1926年他被张作霖杀害了。”1949年后，毛泽东不承认是胡适的学生，说胡吹牛，说自己其实是邵飘萍的学生。直到1974年，年过80的毛泽东还提到邵飘萍。

1919年8月，离五四运动不久，《京报》因为揭露当权的安福系对日借款等“祸国阴谋”而遭查封。包天笑回忆，邵飘萍曾亲口对他说过：“这些军阀，鬼鬼祟祟，捣乱世界，设计害民，我偏要撕破他们的秘密。”邵飘萍因此遭到全国通缉，被迫第二次亡命日本。1920年安福系垮台，邵飘萍返回北京，9月17日恢复《京报》。1923年11月24日，在80多家报纸、通讯社记者参加发起的“北京新闻记者公会”成立大会上，邵飘萍被公推为大会主席。他在《京报》发表《北京报界之宜自警惕》一文，慨然指出北京的报纸、通讯社虽多，“而有确实基础与言论之能勉成自由独立者，仍居少数”。

邵飘萍的这些态度对社会舆论产生了巨大影响。难怪冯玉祥说“飘萍一支笔，胜抵十万军”，还说邵飘萍“主持《京报》握一枝毛锥，与拥有几十万枪支之军阀搏斗，卓绝奋勇，只知有真理，有上非，而不知其他，不屈于最凶残的军阀之刀剑枪炮，其大无畏之精神，安得不令全社会人士敬服”！

并非“秘密共产党员”

邵飘萍常说：“余百无一嗜，唯新闻事业乃有非常趣味，愿终生以之。”1926年4月26日凌晨，他以身殉职，在北京天桥，被张作霖、吴佩孚、张宗昌等军阀下令杀害，罪名是“勾结赤俄，宣传赤化”。

有人说邵飘萍被害前是秘密共产党员，这有罗章龙晚年的证明。但他本人在《京报三年之回顾》中说：“愚个人既素无党派关系，更不欲以特殊势力为报纸之后盾。根基薄弱，而言论尚较自由。盖《京报》创刊之志趣，非有政治之目的，唯以愚个人既乐从事于新闻之业，欲以《京报》供改良我国新闻之试验，为社会发表意见之机关。”他最后公开发表的绝笔《飘萍启事》声明：“鄙人至现在止，尚无党籍（将来不敢预定），既非国民党，更非共产党。各方师友，知之甚悉，无待声明。时至今日，凡有怨仇，动辄以赤化布党诬陷，认为报复之唯一时机。甚至有捏造团体名义，邮寄传单，对鄙人横加攻击者。”

从他的朋友、亲人的回忆看，他只是一个独立报人，没有参加过党派。他的老朋友包天笑说：“邵飘萍最初就是一个喜欢搞政治的人，但他从来不与我谈及政治。他有他的许多朋友，可是什么团体，都未见他加入。”“他虽然不是共产党而与共产党联络的，时人称之‘亲共’，这也难于否认。因为飘萍当时交游既广泛，思想又激进，不知不觉地他们就目为‘同路人’了。”新闻史家方汉奇在一部书中说：“邵飘萍的夫人汤修慧也不认为他是共产党员。”“1982年4月我去访问她的时候，曾经郑重地和她探讨这个问题，她的回答也是肯定的：不是！”（见《新闻学论集》第9辑）老报人陶菊隐认定：“邵并非马克思主义者，只因敢于揭露军阀的罪恶，便被套上一顶红帽子而死于非命。”

众军阀诱杀邵飘萍

其实，邵飘萍之死的直接起因，是他促成了郭松龄1925年11月24日东北军倒戈的滦州事变和郭、冯（玉祥）联合。他还在《京报》发表了大量支持他们的新闻、评论。12月7日，他出了一大张两整版的《京报特刊》，以厚纸铜版精印，全是最近时局重要人物的照片，非常醒目。每个人物后面都有邵飘萍亲自写的评语，如：冯玉祥将军、孙岳将军、岳维峻将军，“保护京畿治安京畿警卫总司令兼京畿警察总监”鹿钟麟将军，“时势造英雄首先倒奉”之孙传芳，“通电外无所成自岳州赴汉口”之吴佩孚将军，“东北国民军之崛起倒戈击奉”之郭松龄，“忠孝两难”之张学良，“一世之枭亲离众叛”之张作霖，“鲁民公敌”张宗昌，“直民公敌”李景林，“甘心助逆”之张作相等。他不断地发表报道、时评赞颂郭松龄，力数张作霖的罪状，甚至撰文鼓励张学良“父让子继”，连只相信暴力的“马贼”也慌了手脚，马上汇款30万元赠给邵飘萍，企图堵他的嘴。他收到后立即退回，并继续在报上揭露张作霖。他曾和家人说：“张作霖出30万元买我，这种钱我不要，枪毙我也不要！”他真的不幸言中了！

12月24日，在日本关东军和张作霖的联合夹攻下，郭松龄兵败被杀。邵飘萍把事件真相公之于世，引起了北方民众的反日、反张运动，张作霖他们对邵恨之入骨，发誓打进这北京城就要枪毙邵飘萍！

1926年4月，张作霖、吴佩孚（又拉了阎锡山）三面夹攻冯玉祥的国民军，冯部被迫撤出北京。4月18日，张作霖的先头部队（张宗昌的直鲁联军）入京。张作霖悬赏捕杀邵飘萍，吴佩孚也密令到京缉捕邵飘萍。

邵飘萍避居俄国使馆，生命危在旦夕。4月22日，他在《京报》发表了一生中最后一篇文章《飘萍启事》，嬉笑怒骂，正气凛然（同一版面上就登着《张学良等定今晨抵京》的消息）。

4月24日，被军阀以造币厂厂长之职和两万块大洋的诱饵收买的邵飘萍旧交、《大陆报》社长张翰举，将邵飘萍从使馆骗出（谎称张作霖惧怕国际干涉，不敢杀邵。并说自己已向张学良疏通，张允诺《京报》可以照出），予以逮捕。同时，《京报》被封。4月25日，《京报馆被封》的消息发布后，北京各界（特别是新闻界）立即组织营救。张学良出面接见13名代表时，竟毫无隐讳地说："逮捕飘萍一事，老帅和子玉（吴佩孚）及各将领早已有此种决定，并定一经捕到，即时就地枪决。"那一天，各方奔走均告无效。

4月26日，警厅宣布："京报社长邵振青，勾结赤俄，宣传赤化，罪大恶极，实无可恕，着即执行枪决，以照炯戒。"邵飘萍是年40岁。

"四二六"这一天和"三一八"一样，成为民国史上最黑暗的一天。邵飘萍已成为中国百年新闻史上最光彩夺目的名字，他用他的鲜血染红了言论、新闻、出版自由的

Peking Press
京報

京报

理想。

自1911年献身报业以来，邵飘萍饱经“穷饿、羁囚、逋逃、沦落、兄弟妻子离散”等人间苦痛，当然他也不是白璧无瑕，没有任何可非议之处。比如他日常生活讲究排场，客厅陈设豪华，连香烟都是特制的（上有“振青”字样），出入小汽车，而且是赌场、青楼的常客（这其中当然有跑新闻的工作需要）。他出手豪阔，一掷千金，这样的支出单靠办报所得难以应付，所以接受军阀、权贵的“馈赠”是不能避免的。有史料表明，1925年北京政府以“宣传费”名义给全国125家报馆、通讯员发津贴，分“超等者”、“最要者”、“次要者”、“普通者”四等，邵飘萍的《京报》和林白水的《社会日报》都属于“超等者”的6家，每月可得津贴至少200元。当过北洋政府财政总长的李思浩回忆：“邵飘萍与段派没有什么关系，但因为他是当时的名记者，大家都怕他，也不能不应酬，经常的津贴是没有的，记得两次送给他成笔的钱，数目相当大，每次总达好几千吧，究竟多少，现在已记不清了。”不过他是拿了钱照样不买账，在“三一八”事件中他的表现已载入史册，这是权势者最不能容忍的。他是否接受过奉系军阀的馈赠，没有确切史料可以证明，但张学良在拒绝北京报界营救邵飘萍的代表时说，“余与飘萍私交亦不恶”，可见他们也有往来。军阀对他恨之入骨，显然不是冠冕堂皇的所谓“勾结赤俄，宣传赤化”这么简单。

80年后站在邵飘萍洒尽热血的土地上，尽管还有一些历史之谜没有最终的答案，但他的新闻报国之志，以及他作为一代报人的地位，却无疑是应当予以肯定的。

80多年前，军阀们在中国打了一场混战：冯玉祥通电“下野”，国民军退守西北；张作霖与吴佩孚合作，占领了华北；孙传芳则控制东南，以三国时代的孙吴自居；同时，自广州出发的国民革命军开始了北伐。

在此期间，“兴也百姓苦，亡也百姓苦”自然是意中事。唯天佑吾民，此前此后都发生过的屠城之类惨事并未出现。不过，革命军在行军途中整肃土豪劣绅反革命，杀了一些人，奉系军阀在北京镇压“赤化分子”，也杀了一些人。奉系的老大是张作霖，他对“赤化分子”深恶痛绝，杀之后快，不是因为他信奉别的什么主义由此敌视共产主义，而是出于地缘政治的考量：他的老巢在东北，从清末开始，东北就是日俄两国逐鹿的场所。张作霖在日俄两大势力的夹缝间成长茁壮，渐渐与日本人走得更近，因此，他讨厌俄国，连带着也讨厌新近成立的苏维埃社会主义共和国联盟（简称苏联），更讨厌苏联的立国根本——共产主义，而最讨厌的，就是受苏联影响乃至支持的信奉共产主义的中国人。既如此，则他向关内进军要打“反共讨赤”的旗号，入京后大肆捕杀嫌疑“赤化”人士，就一点也不奇怪了。

被张作霖杀害的“赤化分子”，最著名者是李大钊，其次是邵飘萍。

为言论自由而死，还是为金钱自由而亡?

邵振青（1886 ~ 1926），字飘萍，浙江东阳人，近代新闻业的前辈宗师，独立创办《京报》，所撰《新闻学总论》及《实际应用新闻学》被当时从业人员奉作圭臬。他也是青年毛泽东的人生导师之一，毛氏尝谓：“邵飘萍对我帮助很大。他是新闻学会的讲师，是一个自由主义者，一个具有热烈理想和优良品质的人。”然而，毛泽东生前竟不知道，飘萍不仅是“自由主义者”，还是中国共产党的“秘密党员”（或称“特别党员”），此事由罗章龙于1978年公布，由中共中央组织部于1986年“认定”。于是，飘萍身为共产党员，被视为追求言论自由的先驱，终因“赤化”罪名被军阀杀害，可谓生得伟大，死得光荣。但是，与他同时代的人，对他颇有微词。

有说飘萍娶妾嫖娼的。对此，他默不置辩，他的后人为他立传，也宁信其有。这种事情，究为时代风气所化，不足吹求。譬如，陈独秀是共产党员，郁达夫是抗日烈士，章士钊是进步人士，都嫖过娼；甚至如胡适，也在日记里写下不少逛窑子的经历。而且，此事属个人隐私，无关大节，当做八卦听一听说一说也就得了，不必深论。

有对飘萍收入过丰存疑的。这是经济问题，不比风化问题，值得一说。章士钊云，飘萍好抽雪茄，烟叶皆为“美洲上材”，经“名厂特造”，烟卷标有“邵振青制”四个字，珍贵得很。对客之时，飘萍请客人抽上一支，客人以其贵重，“逡巡受之”，吸一口就少一口，十分不舍。飘萍则潇洒得很，“且吸且谈，豪情绝世”。一烟之微，尚奢侈如是，则其他生活用费的高昂，可想而知（如，飘萍自备小轿车，在当时即为豪举）。章士钊半耳闻半推测，认为飘萍积累财富的手段是利用了他的舆论影响力，“颇以言抑扬人，而言皆有值”。

什么叫“言皆有值”呢？用今天的话解释，就是做“有偿新闻”。然而，章士钊举证不够确切，未足定论。幸有一位与飘萍同时且同行的人，即龚德柏，提供不少证词，似可合理说明飘萍收入与消费不符的真相。德柏（1891 ~ 1980），字次筠，湖南泸溪人，创办《大同晚报》，曾任《申报》总编，因言贾祸，入狱数次，也是民国时代著名新闻人。他说：“新闻记者的秘密，只有新闻记者知道得极清楚”，以此，他斩截地判断，邵飘萍“是为金钱自由而死”。且看看他提供的证据。

德柏总结了飘萍的“办报宗旨”，所谓“无钱不要，无人不敲”；其“作风”则是“先骂，得了钱后即百八十度转变，而大大恭维”。例如，1924年，中苏进行复交谈判，其时，外交总长为顾维钧，负责谈判的是王正廷。王氏谈妥，并草签合约，向顾氏报告，孰料顾氏不同意（彼时他对苏联的看法与张作霖相似），打回重写，而又不下达更具操作性的指示，于是，谈判一度陷入僵局。飘萍乃撰文大骂顾维钧，轰动朝野。顾氏脸皮薄，当即赠金5000元，并承诺增加外交部对《京报》的津贴。第二天，飘萍再写一篇社论，则大捧顾维钧，痛骂王正廷。

又如，1925年，北洋政府与法国谈判外债支付问题，决定以金法郎（记账单位，指含金量90%的665mg黄金价值）作为支付货币。其实，因第一次世界大战的缘故，纸币法郎已经贬值，显见用纸币付债更合算；且以当时法国之势力，亦不如前清时期能对吾国予取予求，拒用金法郎，不致构衅。那么，政府定欲贱值贵偿，其中必有猫腻。飘萍何等机敏，兼善于采访，遂能洞见其隐。只是，他编成内幕新闻，写好批驳型社论，却不付印，而是排出一个清样，连夜送到时任财政总长的李思浩宅上，静待复信。李总长无可奈何，中宵起床，乖乖与飘萍“谈判”，许以巨款。于是，次日出报，飘萍撤掉外债专题，另排他项新闻。此事非德柏孤证，李思浩回忆录也谓，曾向飘萍提供数千元经费，且不止一次。

退一步说，这种“有偿新闻”，总算因“媒体监督政府”而做，虽为秽节，还可解释为“黑吃黑”。至于“无人不敲”，乃至利用“话语权”逼迫一般民众，今日看来，似极可恨。约在1925年，外交部科员夏某之妾与其子通奸，其子娶妇，其妾竟禁止其子与妻同宿。这桩“人伦惨变”被飘萍访知，他竟搬用对付财长的办法，据此写出一份“章回小说”的纲目，送到夏府，请他“斟酌”。夏某无奈，拿出500块，解了此难。

飘萍拿了张作霖多少钱？

然仍可再退一步说话，细大不捐，生财有道，在那“人吃人的万恶的旧社会”，亦不为过。飘萍虽一人打工，而仰事俯蓄，用钱之处不少，若能长袖善舞，尽管行为不那么高尚，似亦不必深责。

所谓道德，只应是自我要求的标准，以此衡人，大可不必。但是，吃人嘴软，拿人手短，算是这一行的底线，一旦逾越，或有不测之祸。依德柏的观察，飘萍之死因，就在逾越了底线。1925年冬，奉系干将郭松龄突然倒戈，消息传到北京，飘萍因受郭氏之贿，乃在《京报》上贴出两幅写真，一为张作霖，图注“马贼头目”，一为郭松龄，图注“人民救主”。张氏出身土匪，不错；郭氏呼应革命，也不错。但是，飘萍若收了钱，才扬此抑彼，似乎不那么对。

当时，北洋政府对新闻界提供一笔经常性的“津贴”，各报社、通讯社依政府划定之等级，按月领取数额不等的资金。《京报》被列入最高一级。这是政府补贴，谈不到贿赂。但是，重要部门，如财政、外交等部，还会以自己的名义，针对特定的媒体发放“津贴”，数额则比前述“津贴”要大。遇有突发事件，还要额外划拨，有点“掩口费”的意思。前述顾维钧、李思浩被飘萍敲竹杠，所用名义，即系明、暗两种“津贴”。但总的说来，政府给的钱，没法跟各地军阀给的钱比，而军阀给钱之多少，则视乎本身实力大小而定。奉系是实力最强的军阀，张作霖出手之阔绰，不问可知。《京报》的影响力名列前茅，自张作霖处所得金钱不会少，亦不问而知。具体而言，飘萍得了张作霖多少钱，今无确证。然有个旁证，稍加推理，吾人不难想象。据邵氏后人转述飘萍之语，当郭松龄反戈，张作霖曾说要给飘萍30万，请他向着自己说话。30万之数，或因后人揄扬先辈节操，不免夸大；然即算打个对折，15万元，亦是一笔巨款。又据顾、李因事付给“掩口费”，每次有数千之额，差不多是月份“津贴”的近10倍，以此推算，张作霖每月致送千数百元给飘萍，似为实情。

当然，除了张作霖，冯玉祥对飘萍的馈赠也不少，且冯、邵之政见亦接近，因此，碰上奉军与冯氏国民军作对，飘萍乃抨击张氏，也算常情。只是，既收过张作霖的钱，今日翻脸便不认人，若此之速，似缺少一点人情味。以此，当张氏在东北读到这张报纸，不禁要质问飘萍："我们常帮你的忙，何以这样不客气？"飘萍答曰："你们所帮忙的是邵飘萍，宣传张作霖是马贼的是《京报》,《京报》与邵飘萍并非一物。"人情无二，听到这样的回答，世间之人盖皆萌生杀意。唯常人无此势力，不过咬牙切齿，顿足捶胸，痛骂几句而已。张作霖不然，他是军阀，且是正向北京进军的军阀，一旦攻克北京，他不去搜捕飘萍，杀而后快，那才不正常。

果然，奉军进了京城。当然，飘萍也避入租界，他何尝不知道此前错判了形势？但是，张作霖太气愤了，不抓他来杀，简直寝食不安，于是买通飘萍的三位好友（每位5000元），诳他回家。其中一人，在数年后的梅兰芳绑票案中被杀，邵氏女婿因此感叹报应不爽。1926年4月24日，飘萍受骗回家，当即被抓。次日，北京新闻界13位同人向先期抵达北京的张作霖之子张学良求情。学良极不客气，淡淡说了一句"为邵飘萍说情，太无人格"，并做了一个斩首的手势。26日，飘萍遂以"宣传赤化"之名被枪决。

斯人已矣。他的受刑，毫无法律上的公正可言。若章士钊、龚德柏及其他怀疑飘萍做了"有偿新闻"的人所言不虚，那么，尽可以审判飘萍的受贿罪、毁谤罪乃至勒索罪，但不经审判，军法从事，这是没有道理的，也是没有先例的。北洋政府（将袁世凯任期计算在内）统治中国16年，地方上不论（其时军阀割据，中央政府力有不逮），在北京这个"首善之区"，不以法律程序，抓来就杀，应以张作霖父子为滥觞。因此，飘萍之死，终是枉法之死。冤矣，可叹。

当然，从更刁钻的角度评价飘萍之死，我们不妨同意龚德柏所说，他是为金钱自由而死；同时，也不妨认同通常的见解，他是为言论自由而死。言论自由就是言论自由，不管这个言论是为金钱还是为正义，有力者都不应该仅以言论致人死地。因为，这才是言论自由的真义。

浙大:"书傻子"校长竺可桢

傅国涌

自称"书傻子"、不屑也不善搞中国式人际关系的科学家竺可桢为何能将浙大办成"东方之剑桥"?

北大老校长周培源说:我们过去全盘学苏联,但对浙大这样的我们自己的好传统好经验却没有很好学习继承。同济老校长李国豪说:"我们办大学,要学习竺可桢办浙大那样。"

1936年到1949年,竺可桢做了13年浙江大学校长,其中8年在流亡途中,还有半年出国,实际在杭州的时间不超过4年,但杭州永远留在了他的生命中。

上任前向蒋介石提出三个条件

竺可桢于家中

1936年2月25日,竺可桢在接受浙大校长的任命前夕,曾有过犹豫与忧虑。其时,民族危机迫在眉睫,浙大学潮汹涌,前任校长郭任远不得人心被学生赶走,蒋介石急于找一个专业上有成就、社会上有声望的浙江籍学人接掌浙大。竺可桢被多人提名。最后竺通过陈布雷等人向蒋提出三个条件，其中很重要的一条就是“用人校长全权，不受政党之干涉”，蒋介石予以首肯。

三个条件中另有一条，竺可桢只愿做半年（至多一年）的校长。但因为抗战爆发，浙大处于危难之中，在责任心的驱使下，加上他与浙大师生与日俱增、难以割舍的感情等因素，一拖就拖了13年。他多次求去而不得，到1948年1月31日，他已决心辞职，面对浙大教授会代表的挽留，他说自己已是忧患余生，“抗战时期日在流离颠沛之中；抗战胜利以后物质条件更坏，同事所得不敷衣食住；再加学生政治兴趣浓厚，如此之环境，实非书傻子如余者所可胜任”。

竺可桢一生的事业，一是气象学、物候学等科学研究方面的成就；二是在极为艰苦的条件下奇迹般地把地方性的浙江大学办成了全国一流的综合性大学，被李约瑟誉为“东方之剑桥”。

浙大为何能办成“东方剑桥”

1936年5月18日，竺可桢正式接掌浙大，千头万绪，为经费、为校舍、为图书设备、为聘请教授苦心焦虑，除偶尔参与集体活动，他几乎无暇顾及西湖之美。

竺可桢在日记中说，他个人的困难之一在于“不善侍候部长、委员长等，且不屑为之”。陈训慈在《竺可桢出长浙大由来及其他》文中回忆：“我则确记竺师母当日对我们几位同学说：‘你们的老师说是现在政治混乱，书生气的人，校长不易做得好。而我说正因为当今高等教育情况不好，好人更应出来，才有改进希望。’云云。”竺可桢一向认为“对于教育与政治总以为不应过于接近”，在浙大的13年，他无时不以保持与发扬求是学风、不分党派门户、维持学术标准的浙大传统为荣。

1938年西迁途中，他在广西宜山确立“求是”为校训，一方面固然因为浙大的前身是求是书院，向来学风笃实；另一方面就是他自己对“求是”的解释即“排万难冒百死以求真知”，赋予了“求是”以牺牲精神。竺可桢在浙大期间，浙大整体学术水平大大提高，学风踏实，教师、学生在学术上有成就的很多，这与他的影响和“求是”学风的熏陶不无关系。叶笃正从西南联大毕业后之所以考到浙大读研究生，就是认为联大校风比较“浮夸”，浙大“实实在在”，这是他个人当时的体会。

做过北大校长的物理学家周培源了解到竺可桢筚路蓝缕办浙大的历史时，感慨地说：“我们过去（曾）全盘学习苏联，但对浙大这样的，我们自己的好传统和好经验却没有很好学习和继承。”同济大学老校长李国豪也说过：“我们办大学，要学习竺可桢办浙江大学那样。”自称“书傻子”、不屑也不善搞中国式人际关系的竺可桢之所以办大学成功，归根结底无非这样几条：

一是他始终相信“大学因为能包涵万流，所以成其为大”，坚持大学要有学术自由的精神，认为大学的最大目标就是追求真理，要追求真理，必须要锻炼思想，使人人能辨别是非真伪。他在浙大的13年，拿他自己的话说，就是“采英美之学术自由”。他认为大学里头，“马克思主义也可以研究”，教师、学生有研究的自由、读书的自由，即探索真理的自由。他主张通才教育和技术教育并重，尤其重视基础学科。1936年，他甫一上任，第一次主持召开校务会议时，就提出大学各学院一年级不分系的建议，进行讨论，目的是避免学生过早进入专业学习而忽视基础，最后决议成立一个公共科目课程分配委员会。为加强数、理、化、国文、英文等基础课教育，他要求“第一等的教授”亲自到教学第一线。他经常鼓励学生跨院、跨系选修课程，选读与自己专业相关的学科或爱好的学科。1945年9月23日，他在《我国大学教育之前途》一文说：“若侧重应用的科学，而置纯粹科学、人文科学于不顾，这是谋食而不谋道的办法。”“目今我国社会，仍然充满了这种功利主义。大学里边的

1948年前中央研究院首届院士会议合影

课程，支离破碎，只求传教零星有用的知识，而不注重理知的培养。大学生认定院系，不问其性情之是否适合，而只问毕业后出路之好坏，待遇之厚薄。选择科目，不问其训练之价值如何，而专问其是否可应用到所选定之职业。”

二是他一向认定“对学校应能自治，以维护大学之尊严”。他公开提出“三青团不应进入大学”，“大学中不应再有党部”。1938年至1939年，他几次拒绝加入国民党；1940年前后，他成了唯一不是国民党员的国立大学校长。1940年8月，他不顾压力，聘请非国民党员费巩出任浙大训导长（教育部规定这一职务必须党员担任）。以后他虽被迫填写过加入国民党的志愿书，甚至被缺席选为中央委员，但从未付过党费，也没有参加过任何党的会议。他在日记中表示："余对国民党并不反对，但对于入党事极不热心，对于国民党各项行动只有厌恶憎恨而已……近来党中人处处效法德国纳粹，尤为余所深恶而痛绝。"

国民党强硬势力将浙大称为"共匪之租界"，其实竺可桢一样不赞同学生左倾。他一贯认为"学生对于政治可以有主见，不能有活动"，"学生应埋头求学问，否则从军可也"。1947年6月17日，他出国半年，一回来面对的便是汹涌的学潮。他批评学生自治会所出的《快报》、《求是学报》"均相当左倾"。浙大学生自治会主席于子三被杀害后，他在11月10日的校务会议上说："余同情于子三之惨死，但并不同情于其政治活动。学生在校，尽可自由信仰，但不得有政治活动。"1948年2月14日，他当面批评学生自治会代表，"自治会对政治兴趣太浓、舆论太偏、手腕太玩弄"，"过去自治会所出之《浙大周刊》、《求是周刊》以及学报，对于学术文字完全不载，满篇都是骂政府之文字，无怪乎外人以浙大为共产党之集中地也"。12月13日下午，他亲自去看校园里学生自办的"费巩壁报"，其中有赞美张学良、杨虎城的文章，他感叹说："大致说来，可谓一致反对政府之言论，无怪乎外间攻击浙大为共匪张目之中心矣。"1949年4月5日离杭前不久，晚上他带孩子参加浙大合唱团春季音乐会，合唱节目中有浙大音乐教师沈思岩作曲的《贵州谣》、《八月葵花》等歌曲，他在日记中批评说："均嫌政治气味太重"。难怪1949年5月，当他离校蛰居上海之时，浙大校园的壁报上批评他："受英美教育之毒，做事不彻底，不能对恶势力争斗，只剩了些科学救国空谈。竺对于旧的固然厌恶，对于新的心存怀疑。但民主与反民主不容有中间（道）路的，而竺某偏偏走了中间毁灭之

1956年竺可桢家庭照

路……”岁月轮回，这对他是褒还是贬呢？

三是他始终认定“教授是大学的灵魂”，主张教授治校是他13年来的一贯政策。早在1936年4月25日，他到浙大上任之初就在演讲中提出：“教授是大学的灵魂，一个大学学风的优劣，全视教授人选为转移。”浙大学生谢觉民追忆，竺可桢以人品、学识和诚恳的态度请到了一批品学兼优的好教授，“他们有品格，有学问，但有时不免也有脾气”。牛津出身的费巩“最会骂人，在教务会议上，他公开指摘竺师，说‘我们的竺校长是学气象的，只会看天，不会看人。’意思他是习政治的，有知人之明，竺师也只是含笑不语，可见他的容人之量”。（从费巩日记可以看出他一度对竺可桢很不满，但竺照样请无党派的费巩当训导长，并在费巩出事后全力营救）曾在浙大任教的生物学家谈家桢一再推崇近代中国办大学成功的校长只有蔡元培和竺可桢，“他们两人都具有许多优点，都是胸襟开阔，气度宏伟，都能打破各种思想和学术派系的束缚而广罗人才，充分发挥各种学术思想和发展各个学术领域”。

1945年2月，浙大政治学教授费巩在重庆“失踪”，从知道消息的那一天起，竺可桢就感到这是“专门逮捕和囚禁政治犯的政府机构”干的，他深为费巩的性命担忧，不停地奔走于各个机构、部门之间，尽了一切能尽之力。他的日记中有关费巩的记载至少有78处之多，可谓牵肠挂肚，多年难以释怀。不仅对费巩，他对其他教师也是如此。1949年，在浙大的最后几个月，他几乎成了一架要款机器，不断地给教育部、行政院发电、写信，不停地奔波于上海、南京和杭州之间，叩开包括代总统李宗仁在内的国民党政要之门。1月29日是他在浙大的最后一个春节，校园内，“学生等颇热烈庆祝，而教员则忙于谋生，食不饱、衣不暖，故可谓毫无兴致也……”身为校长的竺可桢，整天为师生的柴米油盐而忧心忡忡。

四是他相信学生，力主学生自治。20世纪40年代末浙大史地系毕业的女生王来棣，80岁时回忆起老校长，“在我的脑子里，他同学生的关系像父亲一样”。他的老友、清华大学理学院院长叶企荪曾对人说，在竺可桢眼中，“浙大学生个个都是好人品和有学问的”，无论学潮如何汹涌，他都坚定地认为“大多数学生乃系善良的”。1948年4月1日，他在浙大51周年纪念会上郑重地说：“办大学教育者必得有基本信仰，就是大多数学生，可以由经验和教训使人于理智所承认为正轨的途径的。”1947年8月，浙江省主席沈成章当面指责“浙大乃共产党大本营”，他对陈布雷说过：“年轻人欲批评亦未可厚非，若批评政府者皆目为共产，则不啻为丛驱雀也。”

1947年5月25日，他远在美国旧金山，从报纸上得知浙大还在罢课之中，在日记中写下了“真使人焦急”5个字。他希望大学教育能让每个学生养成“明辨是非、静观得失、缜密思虑、不肯盲从的习惯”，这样才能不被“传统的不合理的习惯所拘束”，不被“一时的情感所冲动”，不被“社会不健全潮流所转移”。

每次学生被捕他都要去狱中看望，每次学生开庭他都要到庭听审并尽力营救。对于营救无效、不幸遇难的学生他引为终生遗憾，他是罕有的一个会为学生落泪的大学校长。1942年1月16日，在遵义的浙大学生发起“倒孔”（祥熙）游行，他虽不赞成学生上街，一旦劝说无效，不仅亲自出面要求军警不要与学生发生冲突，而且走在学生队伍的最前头，保护学生的安全。1947年10月29日，浙大学生自治会主席、农艺系学生于子三在狱中被害，他赶到现场，拒绝在所谓“以玻璃自杀”的验尸报告上签字。几天后，他在南京接受《申报》记者采访时说于子三“作为一个学生是一个好学生，此事将成千古奇冤”，冲破了新闻封锁，举国舆论震惊。国民党当局要他在报纸上“更正”，他断然拒绝：“报载是事实，无法更正。”

他在主张教授治校的同时，也主张学生自治，学生“应当在自治会里练习服务人类、大公无私、为大众谋福利的精神”（1940年12月2日日记）。1947年11月2日，于子三被害几天后，浙大学生在群情激愤中举行自治会代表直选，当选的代表以左派学生为主，他在日记中感叹：“此次为第一次普选制，代表91人已选出，其中左派占十分之七八……故料想反政府之行为必层出不穷也。”然而，当11月27日教育部部长朱家骅密电要他解散浙大学生自治会时，他在行政会议上只是决定劝学生复课，只字不提解散自治会一事。

“他绝对不会说假话”

浙大的成功靠的就是竺可桢坚守的这些信条，同样不能忽略的还有他的身体力行、公私分明的自律，包括一些很不起眼的细节。当年离浙大不远的菜市桥堍西有一家叫“恒升源”的纸品店，承印浙大的部分办公纸品，有些文教用品也在那里采办。竺可桢常到那里买笔墨、信笺，有时夫妻同行。时间久了，店里的人都认得他。有一次恰好被老板遇上，老板说：“竺校长，这儿正巧有贵校印好的信笺，您不妨拿去用吧。”他回答：“那是公笺，我写的是私人信件，还是应该自己买。”这是那家纸品店老板的儿子陈鸿仪先生告诉笔者的。

没有了竺可桢的浙大不再是昔日的浙大。如今楼堂馆所齐全、硬件设施优良的新校区虽说也矗立着竺可桢校长的铜像，但大概只是一种点缀和装饰，“求是创新”的新校训与竺可桢确立的“求是”校训内涵已不可同日而语。近60年前，竺可桢在风雨仓皇中离开杭州，在某种意义上即意味着老浙大的终结；但在老浙大学生的眼里，他们可敬、可爱、可亲的“书傻子”校长，是一个永远活着的生命。

在1942年毕业于浙大物理系后又回校做过助教的许良英眼中，个子矮小，演讲时总是要把脚踮起来，不大会说话，常说“这个这个”而且绍兴口音很重的老校长永远是活着的，他的淳朴、不摆架子、平和，都让学生感到亲切。“他绝对不会说假话”，更赢得学生的信任。

作为科学家的竺可桢活在科学史中，作为大学校长的竺可桢活在中国高等教育史中，更活在学生不泯的记忆里。

有历史在，就有竺可桢在。

一个完整的司徒雷登

秦　海

司徒雷登像

司徒雷登固然“臭名昭著”，但他对中国和中国人民，是不是一点好处都没有呢?

1949年八九月间，中国共产党已经取得了对国民党的全面军事胜利，新生的中华人民共和国即将成立。此时毛泽东连写了5篇文章，评论当时美国国务院发表的白皮书和美国国务卿艾奇逊致总统杜鲁门的信，揭露当时美国政府推行的支持国民党、反对共产党的对华政策的反动本质，《别了，司徒雷登》就是其中一篇。

别了，司徒雷登

司徒雷登是当时美国驻中国大使，而美国的对华政策当时在中国已遭到彻底失败。他既是美国对华政策的执行者，也是这一政策的受害者。

诚如毛泽东在《别了，司徒雷登》一文里所说的，“司徒雷登是一个在中国出生的美国人，在中国有相当广泛的社会联系，在中国办过多年的教会学校，在抗日战争时期坐过日本人的监狱”——按这个经历，他应该是中国人民的一个朋友，至少不是中国人民的敌人。但《别》文里又这样给他“定性”：“平素装着爱美国也爱中国，颇能迷惑一部分中国人，因此被马歇尔看中，做了驻华大使，成为马歇尔系统中的风云人物。”《别了，司徒雷登》一文被选入《毛泽东选集》第四卷后，文末对司徒雷登的注释更明确地说他出任美国驻中国大使后，“积极支持国民党反动政府进行反人民的内战”，再加上毛泽东在评论当时美国国务院白皮书的另一篇文章里这样写道：“中国革命的胜利和中美两国反动派的失败”，对于中美两国人民来说，“是一生中空前地愉快的事，目前的这个时期，是一生中空前地愉快的时期。只有杜鲁门、马歇尔、艾奇逊、司徒雷登和其他美国反动派，蒋介石、孔祥熙、宋子文、陈立夫、李宗仁、白崇禧和其他中国反动派与此相反，确是‘生平最复杂、最苦恼的时期’”。和那些“臭名昭著”的人物并列，这使司徒雷登在当时中国人民的眼里，彻底地臭不可近、臭不可闻了。

然而，司徒雷登对中国和中国人民来说，是不是一无是处呢？

燕京大学首任校长

司徒雷登1876年出生于中国杭州的一个美国基督教家庭。父亲是美国南方长老会的传教士，1868年被派往杭州传教。母亲1874年来华，在杭州创办了中国第二所女子学校（第一所在北京），并自任校长多年。司徒雷登是四个孩子中的老大。

当时杭州没有外国学校，司徒兄弟的启蒙教育，全由妈妈担当。他们常同中国小朋友一起玩，大家都说中国话。中国的各种风俗庆典，都为他们耳闻目睹，且参与其中。司徒雷登喜欢杭州的风景和中国饭菜，能说杭州方言，在他幼小的心里不可避免地种下了“中国根”。

司徒雷登11岁时回到美国读书，20岁大学毕业，拿到了文学学士学位，以后又学了3年拉丁文和希腊文，还进入神学院学习。1904年11月，与爱玲·鲁德女士结婚，当年年底同妻子一起来到杭州。至此，司徒雷登阔别中国已整整17年。他先在父亲的教会里工作，常常下乡布道，与当地老百姓有着十分密切的往来。1908年他迁居南京，任教南京金陵神学院12年，主讲新约和希腊文，有多项论著问世。辛亥革命后孙中山就任中华民国临时大总统，司徒雷登为唯一参加开国大典的外国人。

1918年，北京有两所教会大学决定合并：一所是汇文大学，一所是协和大学。这两所私立大学在1900年的义和团事件后试图合并，却因内在矛盾太多，多次协商未果。直到1918年才达成妥协，决定选聘一位与原来两校都没有关系的人担任校长。此时司徒雷登在南京神学院执教多年，成绩卓著，是美国教会公认的深切了解中国、在华传教人士中对中国青年最有影响力、才华与素养出众、思想开朗的人物，再加上他出生在中国，中、英文运用自如，理所当然地成为新校长的最佳人选，但几乎所有朋友都劝他婉拒，不必去收拾烂摊子。他最终勇敢地接受了这个挑战。1919年元月，司徒雷登北上，会见即将合并的两校有关人士，经多方斡旋，成立了由蔡元培等五人组成的校名委员会，最后采纳了诚静怡博士的建议，以“燕京大学”为校名，同时也解决了其他矛盾。司徒雷登正式出任燕京大学第一任校长。

1919年6月8日，司徒雷登到校参加这一年原有学生的毕业典礼，同时也算自己的就职典礼——和学生第一次正式见面，却遇到了十分尴尬的场面，台下冷冷清清，只有极少数毕业生到场。原来这时还处于五四运动的高潮，前后共有1000多名学生被捕，包括不少燕京大学的。这天，恰逢政府释放日，燕京大学的学生都去欢迎同学光荣出狱了，谁还在乎毕业典礼和新任校长的就职典礼？但司徒雷登对此并未介意，相反，他事后在给美国托事部（可以说是燕京大学的上级部门）的信中说："我亲眼目睹南京、天津、北京三地的学生示威，他们态度热诚，而且有组织，有纪律，百姓为之动容……此时此刻正是中国生死存亡的关头，燕京大学何幸生逢如此意义深远的报国时机。"此后他一贯支持燕京学子们的抗日爱国行动，使燕京大学同北京其他大学一样，不但为中国培养着建设人才，也培养着爱国人才。

燕大：科学家的摇篮

司徒雷登接手的燕京大学，校址在北京东城的盔甲厂，规模很小，学生只有94人，大多数靠奖学金维持。教员中两位是有博士学位的中国人，外籍教员很少够资格在大学任教。经费不足，只够开销的一半。司徒雷登一边改善原有的小摊子，一边策划另起炉灶。从1922年起，他15年内往返美国10次，募捐筹款，其中一次就募得150万美元。这在当时几乎是个天文数字。有了经费后，他决定给学校另选新址。他和同事寻遍北京四郊，找到清华园西边的一块地。这里原是清代一个亲王废弃的园地，后转到陕西督军陈树藩手中。司徒雷登专门到陕西会见陈树藩，陈对建校很感兴趣，以6万大洋将地产卖给燕京大学，并把其中的1/3捐作奖学金。这一块地有40公顷，再加上陆续又在附近买进的其他荒废园地，使燕京大学的总面积达到原来的数倍之多。

那些日子里，司徒雷登忙得不可开交，要回美国拼命筹款，又要在新校址指挥营建，又得为扩大后的学校招兵买马，还得维持日常的教学工作。经过数年建设，1929年新校址正式投入使用。燕京大学校园的建设，融合了中西文化，是司徒雷登的得意之作。他自豪地宣称："凡是来访者，无不称赞燕京大学是世界上最美丽的校园——它有助于加深学生对这个学校及其国际主义理想的感情。"

燕京大学仅仅存在了33年（1952年停办），其间还受到日本侵华战争的严重干扰，注册学生总共不超过10000名，却为中国培育了一大批高水平的人才，很多是各个领域的领军人物：其中中国科学院院士42人，中国工程院院士11人，再加上其他卓有成绩者，超过100人，占了注册学生的1%以上，可说是科学家的摇篮。“二战”时，中国驻世界各大城市的新闻特派员，9/10是燕京大学新闻系的毕业生。这些当然不能全部归功于司徒雷登，但没有他创办的燕京大学，就不会有这么多人才成长起来。当时的中国贫穷落后，教育尤甚。司徒雷登致力于中国的教育事业，为此倾注自己的心血，中国人不应该忘记。

燕京大学是教会学校，资金也主要来自教会。司徒雷登清醒地看到，若严格遵循教会原来的办学思想，不顾中国人的意愿，学校就无法生存；只有教育政策反映中国舆论的要求，学校才可在中国立足和发展。司徒雷登认为中国人有权规定外国人在中国国土上实施怎样的教育，所以当1925年中国政府教育部公布教会学校立案规章的时候，燕京大学响应最快。按这个规章，校长一职必须聘用中国人，校董事会也得中国董事占多数。以前的董事会当然激烈反对，司徒雷登费了不少工夫说服他们。对于教育部禁止强迫学生崇拜宗教、禁止设置必修的宗教课程，司徒雷登都完全赞成，他也由校长退居校务长。这些都使得燕京大学虽为教会学校，却逐渐中国化，得到了中国人的认同。胡适就说燕京大学“近年来越办越中国化……率先于全国所有基督教大学办成了一个高水平、高质量的中文学系”，而且是“有着全

司徒雷登像

世界最美的校园的大学”。

司徒雷登深知，要把燕京大学办成一流大学，必须要有一流的教师。他坚持由学校自行聘请教师；所有教师不必信教；按教授等级，中外教师同等同酬；对有名望、有真才实学者，登门拜访，高薪聘用。燕京大学云集了当时的一批大师，陈寅恪、郑振铎、谢冰心、钱玄同、费孝通、顾颉刚、张友渔、斯诺等都曾在燕京大学任教。教授月薪360大洋（银元），校长月薪500大洋。司徒雷登只拿教授月薪。当时的国立大学常有欠薪情况，但燕京大学从不拖欠。

走在中国爱国游行队伍最前方的美国人

支持学生的爱国行动，是司徒雷登主政燕京大学二十多年里始终坚持的理念。

1920年4月，全国学联因政府与日本就山东问题的谈判宣布罢课，以示抗议。燕京大学的师生员工响应学联的决议，停课六星期，耽误的学业在暑假补足。1925年“五卅惨案”刚发生，燕京大学就发表了正义凛然的宣言，而代表中、美、英等国籍的燕京大学教职员起草宣言、责问英国当局的，正是一位英籍教授。难以想象，如果作为校长的司徒雷登不支持，燕京大学的教师们怎会有这样的行动。

1931年“九一八”事变后，司徒雷登亲自带领数百名燕京大学师生走上街头游行，在队伍最前方高呼：“打倒日本帝国主义！”1934年司徒雷登赴美，突然接到燕京大学要他火速返校的急电，原来北京学生为反对政府对日不抵抗政策，组织请愿团赴南京，燕京大学学生宣布罢课。司徒雷登赶回后，立即召开全校大会。一些人以为，作为校务长的司徒雷登是不会支持罢课的，不料他却说：“我在上海下船时，首先问来接我的人，燕大的学生是否也去南京请愿了。我听到答复‘是’，这才放心。如果此次燕大学生没有参加请愿，那说明这些年来我的教育就完全失败了。”1935年“一二·九”学生运动，为抗议日本暗中策划的华北自治阴谋，燕京大学的学生在寒冷的北风里徒步向西直门进发——男同学的领袖就是后来曾任中国外交部部长的黄华。

司徒雷登60岁生日时，《燕大周刊》刊文说：“现在北平各大学的同学们普遍在努力于救亡工作，其他各校都受到校方无理摧残，司徒先生自己虽不是一个中国人，可是他对中国的厚爱，并不亚于我们，对我们从没有一点压迫和干涉……他所愿望的是全世界的自由与平等，他所企慕的是全人类的博爱和平，他不愿让公平屈折，他不愿让真理隐藏……我们要使司徒先生能（在其生日时）得最大的最浓厚的快乐，我们只有拼着牺牲我们的头颅与热血去奋斗。”这些都足见司徒雷登对学生革命行动的爱护和支持。

抗日战争正式爆发后，日本占领北平。日方经常找借口挑衅，逮捕燕京大学师生。司徒雷登少不得出面斡旋，奔走于美国领事馆和日本驻军司令部之间，他曾这样说：“北平沦陷期间，我的学生在参加爱国活动之后，回校时总会兴奋地告诉我，他们是如何用实际行动报效祖国和人民的。这使我感到十分欣慰。尤为感人的是他们已在身体力行燕大的校训‘因真理，得自由，以服务’。”

北平沦陷前一年，司徒雷登回美国时，就商得美国托事部的同意，即便北平沦陷，也要继续办学。这个决策很正确。许多中国学龄青年，一时不能到后方去，又不愿就学于敌伪政权支配下的学校——燕京大学就成了他们理想的选择。从七七事变到1941年日本偷袭珍珠港的四年半里，燕京大学保持着办学的常态。司徒雷登重新担任校长，他策略性地强调燕大是美国学校，悬挂起美国国旗，以防日机轰炸，还聘请了一位会说日语的燕大校友为校长秘书，与日方周旋，包括保释被捕的燕大学生。

1939年，司徒雷登在一次对全校师生的讲话中说：“燕京大学不是‘世外桃源’，不能‘两耳不闻窗外事’，而是要关心国家大事”，“现在的燕京大学处在沦陷区，不要被日寇的反面宣传所迷惑”。日本人曾提出让日本学生进燕大读书的要求，司徒雷登表面同意，但坚持应和中国学生一样经考试合格方能录取，结果虽有日本学生报考，却因未达到标准，无一人进入燕大。

日本偷袭珍珠港，日美开战。第二天，燕京大学即被日军封闭，并拘押了司徒雷登等人。此后三年多的时间，司徒雷登一直被囚禁在北京东单三条日军看守所，与外界完全隔绝。直到日本投降，司徒雷登才获得自由，而这时他的著述已积页成册。出狱后的第二天，他就回到燕大，着手重建被日寇蹂躏得不堪目睹的校园——10月10日，燕大又一次开学了。

失败的驻华大使：“辜负了中国人民对我的信任”

1945年，内战迫在眉睫。美国总统杜鲁门派遣马歇尔为特使，

1946年司徒雷登与燕京大学学生合影

到中国调处国共纠纷，企图化干戈为玉帛。由于复杂的原因，调停失败。这时，马歇尔却提名司徒雷登担任美国驻华大使。马歇尔觉得自己已经无能为力、无事可做了，换一个人，也许会出现转机。而司徒雷登对中国和中国作风知之广泛，中国各阶层人士都能接受他，国共双方都有他的学生担任着重要职务，所以他虽然是个外交“生手”，还是被杜鲁门任命为美国驻华大使。

司徒雷登在笕桥杭校检阅仪仗队

1947年7月，司徒雷登在南京履职，在其就任大使的宴会来宾中，有当时还在南京的中共代表周恩来和董必武。司徒雷登以促成中国的和平为己任，痴迷于组建中国的联合政府，他曾这样写道：“我之参与若存一线希望，促使国民党人与共产党人组成联合政府及统一的军队以结束此场耗竭民力、自相残杀之内战，我即不惜代价，全力以赴。”可惜他生不逢时，蒋介石领导下的国民政府不听他的，美国政府也偏袒国民政府，他作为大使，又不得不服从美国政府的决策——他的一切努力都失败了，内战全面爆发。司徒雷登痛责自己失职，写道：“我辜负了中国人民对我的信任。我未能说服任何一方为达成协议而作出让步。”到1948年，国民党军队节节败退，1949年4月，人民解放军攻占南京。当时的苏联驻华大使都随国民政府迁到广州去了，司徒雷登仍留在南京观变。显然，他是想和中共保持接触。这就是毛泽东在《别了，司徒雷登》里所说的：“司徒雷登大使老爷却坐着不动，睁起眼睛看着，希望开设新店，捞一把。”事实上，中共曾派黄华到南京几次会晤他。他表示中国问题不只是一个对华政策问题，而且也是关系到世界和平的问题，希望解决好中美关系，这对世界和平是一大贡献。

毛泽东还转托时任燕京大学校长的陆志韦写信给司徒雷登，表示他可以个人身份到北平参加燕大校庆。周恩来则通过黄华表示，欢迎司徒雷登回燕京大学一行，并表示可能一晤。获此消息，司徒雷登很是兴奋。但是，在他就北平之行向美国国务院请示时，却遭到拒绝，并要求他立即返美。这样，司徒雷登在解放了的南京“坐着不动”100多天后，不得不离开。国民党政府还希望他先到广州，再回美国，认为这将是对国民党政府精神上的支持。司徒雷登没有这样做，乘飞机从南京直飞冲绳，并在那里发表声明，赞成中共领导的中国政府，但美国国务院未让这个声明在美国发表，还电告他不得再作声明。

司徒雷登就这样黯然离别生活了45年的中国，从此再也没有踏上中国的土地。

1945年日本投降后，司徒雷登曾在重庆见到中国驻美大使顾维钧。两人非常高兴地庆贺中国抗日战争和世界反法西斯战争的胜利。顾维钧说：“我在美国生活了20年，美国是我的第二故乡。”司徒雷登笑了笑说：“我出生在中国的天堂杭州，在中国生活了45年，中国是我的第二故乡。”

这是司徒雷登真情的流露。1913年，他的父亲去世，葬在杭州。1925年，他的母亲病故，与父亲合葬。1926年，他一直多病的夫人去世（当时司徒雷登只有50岁，从此没有再娶），葬于燕园东门外的墓地，这是燕大坟园中的第一座坟墓。一生的事业、心血在中国，又有这么多至亲葬在中国，他怎能割舍下对中国的留恋？怎能不时时怀念中国呢？

司徒雷登回到美国不久，即中风偏瘫。他只有一个儿子，寄养在亲戚家。此时儿子已当了牧师，但收入很低，没有能力照顾他。他的学生兼私人秘书傅泾波成了唯一的亲人。他住院期间，傅泾波守护着他；出院后，又把他接到自己家里，像对待父亲一样照顾着他，一直到他去世，整整12年。这既是华夏文明“一日为师，终身为父”理念的体现，也反映着众多燕大学子对老校长的尊敬和热爱。

1955年8月，司徒雷登写下遗嘱，将他的全部文件赠送给傅泾波，并要求傅泾波替他完成两个心愿：一是将1946年在重庆时周恩来送给他的一只明代彩绘花瓶送还给中国；一是他死后将他的骨灰送回中国，安葬在燕大校园未名湖畔他妻子的身旁。

1962年9月18日，司徒雷登去世，享年86岁。他的葬礼是在中国民族乐曲《阳关三叠》中结束的。当年的遗嘱中，明代彩绘花瓶已物归原主，而他的遗骸，在等待46年后，终于在2008年11月归葬杭州，虽然没有如愿地安葬在燕大校园未名湖畔的妻子身旁，但终于回到了他魂系梦绕的中国，回到了他的出生地……

有关钱学森的假故事

叶永烈

1938年，钱学森像

早就听说写作名人传记有所谓的“真名人，假故事”，这些故事是“根据名人的性格和当时的场景，依据逻辑推理写出来的”，这叫“文学虚构”，目的是加强“感染力”，达到“励志”的目的。尽管这种写作手法迄今仍有作家以为可取，我却以为必须摒弃。真实才有感染力。凭空虚构的故事，除了扰乱人们的视听之外，还将给后世留下艰难的辨伪考证工作。

最近，我对种种钱学森的传记与报道进行了一番“考证”，惊讶于这种“真名人，假故事”之多。其中有的“假故事”流传甚广，以致“造谣一千遍就变成真理”，很多人信以为真。

钱学森被授予“中将”？

1957年9月至10月，钱学森作为中国政府工业代表团成员访问苏联，曾有过一个流传甚广的“故事”——

苏联国防部提出，苏联的火箭、导弹和其他尖端技术设备属于高度保密的单位，中国代表团成员中，只有相当级别的政府官员和相当高级军衔的军官才能参观。

代表团成员中，钱学森是最资深的导弹专家，他当然要去参观苏联那些高度保密的单位。然而，钱学森没有军衔，更谈不上“高级军衔”了。

周恩来总理知道了这件事，建议中央军委马上授予钱学森中将军衔。周恩来幽默地说，“早在1945年美国政府就曾授予钱学森上校军衔。现在已经过了12年，我们为什么不能让他当将军呢？就是按军队的晋升制度，也该轮到钱学森当将军了”。

毛泽东得知此事，说道：“恩来同志考虑得很周到。我想，钱学森同志至少也得授予中将军衔。”

就这样，中央军委很快作出决定，授予钱学森中将军衔。于是，钱学森佩中将军衔，出现在苏联。

虽然这一传说有鼻子有眼，但有三个明显的漏洞：

一是我在《中国人民解放军将帅录》里面查不到钱学森；二是从未见到钱学森佩中将肩章或者领章的照片；三是在《毛泽东传》、《毛泽东年谱》、《建国以来毛泽东文稿》以及《周恩来传》、《周恩来年谱》中，没有查到相关的记录。

钱学森之子钱永刚教授告诉笔者，这纯属讹传。他说：“造谣都造到毛泽东主席、周恩来总理头上去了！”

钱学森本人也曾对秘书涂元季说过：“这是误传。”

当时，钱学森作为中国政府工业代表团成员访苏，苏联方面对他格外注意，因为苏方知道钱学森的学识和阅历，知道1945年钱学森曾作为美国空军顾问团上校，考察了德国的导弹基地，审讯了德国导弹专家。钱学森是代表团中唯一的资深火箭导弹专家。当时的苏联导弹尚处于仿制德国、美国导弹的阶段。正因为这样，在参观苏联导弹基地的时候，苏联方面总是请钱学森去大学作讲座，或者安排与苏联科学家见面。苏联方面对钱学森解释说，那些导弹你在德国、美国都看过，对于曾经担任美国加州理工学院喷气推进实验室主任的你，不值得费时去参观那些不屑一顾的东西。所以钱学森没有去参观苏联的导弹基地，并非由于他没有军衔。

再如，有报道称，当钱学森1955年从美国回到祖国：

钱学森到了北京，第二天下午，周恩来总理邀请钱学森及其夫人来到中南海。这天，一听见门外车响，周恩来便大踏步走出办公室，迎接客人，一见面就紧紧握住了钱学森的手，充满无限激情地说："学森同志，欢迎你归来，我们的国家太需要你了！"几句话，说得钱学森浑身灼热，好像顿时有一股温泉，一下子流遍了他的全身……

总理问道："你遭到麦卡锡主义的迫害，吃了不少苦头，身体怎么样？你先不要忙着考虑工作嘛，先去医院检查一次，检查结果我是要过目的。蒋英也要检查一次。这件事我让秘书给你们安排一下。"

像这样问寒问暖的语言，像这样悉心关怀的话语，钱学森觉得他活了44岁还不曾听见过……

且不说周恩来对刚刚回国的钱学森是否称呼"学森同志"，据《人民日报》报道，钱学森是在1955年10月28日从上海来到北京，11月5日，国务院副总理陈毅接见钱学森，代表中央人民政府欢迎钱学森归来，并无"钱学森到了北京第二天下午"周恩来接见之事。那些"一股温泉，一下子流遍了他的全身"之类的描写纯属虚构。

顺便提一笔，一篇文章中写道："1955年9月17日，钱学森和夫人蒋英带着孩子，从纽约登上轮船，回首望着远去的自由女神像和曼哈顿那些高耸入云的摩天大厦，钱学森的感情是复杂的，脑海中那成功事业和黑暗日子的记忆，都在归心似箭的热血冲击下淡化了。"不知道作者是否念过中学地理课，钱学森一家怎么可能从纽

1955年，钱学森全家摄于回国船上

约坐船回中国？当时，钱学森是加州理工学院教授，是从美国洛杉矶乘邮轮“克利夫兰总统号”到香港的（这艘船的起点站是旧金山，途经洛杉矶）。所以所谓“回首望着远去的自由女神像和曼哈顿那些高耸入云的摩天大厦”，子虚乌有而已。

结婚誓词真伪辨

关于钱学森与蒋英的婚礼，一本书里这样描写：

（1947年）8月30日，一个美好吉祥的秋日。这天，天空格外晴朗，双方的亲友都早早地等候在上海国际饭店二楼的大厅里——这是钱学森与蒋英两个海外游子将要举行婚礼的地方。

上午10时整，婚典开始了……

新郎钱学森第一个宣读誓词：

我钱学森，真诚地爱慕蒋英女士的品格及其才华，我愿娶她为妻。我将尊重蒋英女士的独立人格，并平等地对待她。在我有生之年，我将与蒋英女士同甘共苦。这就是我对蒋英女士发出的神圣誓言。

接着，新娘蒋英用她那清脆的声音，宣读誓词：

我蒋英，愿意选择钱学森先生作我的丈夫。今天在家长及众位亲友面前，我庄严承诺——不管将来我们的生活遇到什么样的曲折，我给钱学森先生的爱情将永无改变。我永远是他的好妻子……

其实，作者是把通常的基督教婚礼的誓词套在钱学森和蒋英身上。所幸，我在钱学森之子钱永刚教授提供的诸多“宝贝”之中，发现有当年的《结婚词》。一查对，钱学森结婚时间不是1947年8月30日，而是1947年9月17日；地点不是上海国际饭店，而是沙逊大厦（今和平饭店）；《结婚词》也完全与上文不一样。

有趣的是，我在上海国际饭店的介绍文字中，见到《社会名流与国际饭店》：“1947年8月30日，钱学森和蒋英于国际饭店14楼摩天厅（注：不是二楼）举行婚礼。”可见这种误传连上海国际饭店也相信了。

一篇题为《钱学森、蒋英伉俪：“航天之父”与音乐大师》的文章中写道：

不知是心灵的召唤还是冥冥中天赐良缘，两小无猜的钱学森和蒋英各自在国外奋斗。1947年他们不约而同地回到祖国。蒋英在上海兰心大剧院举行了第一场独唱音乐会，演出轰动了整个上海，报界评论：“她卓越的歌唱艺术”使人们看到“中国一样有优秀的艺术天才，良好的资质和聪颖头脑”。而就在那场音乐会上，钱学森静静地坐在观众席中，欣赏了台上每一曲悠扬的歌声，引发起他情感的激荡和对未来的畅想。他与蒋英就这样再度重逢了。

我查证了一下，蒋英在上海兰心大剧院举行第一场独唱音乐会是1947年5月31日，而那时钱学森还在美国波士顿的麻省理工学院，怎么可能“静静地坐在观众席中”？

“一张香烟纸”的“故事”

一篇题为《一张香烟纸，让中国提前20年拥有原子弹》的报道，也流传甚广。其实，作者连钱学森是什么样的专家都没有弄清楚。钱学森是火箭专家、导弹专家，并非核专家。钱三强、邓稼先才是中国研制核武器的主帅。钱学森的归来，怎么会是“让中国提前20年拥有原子弹”？正因为这样，有人写信向钱学森请教中国核武器的发展史，钱学森给予的答复是“问道于盲”！钱学森的贡献之一是让核武器与导弹结合，制成核导弹，但这并不是“让中国提前20年拥有原子弹”。

至于那“一张香烟纸”，又是怎么回事呢？那是在新中国成立之后，美国以种种借口阻挠钱学森回国。先是在1950年9月7日美国联邦调查局逮捕了钱学森，关押半个月后于9月23日获释，但是此后一直监视钱学森。

1955年6月15日，处于软禁中的钱学森写好给中国人大常委会副委员长陈叔通的信，夹在蒋英寄给比利时妹妹蒋华的信中，从比利时转往中国。陈叔通迅即把信交给周恩来。在日内瓦进行中美大使级谈判的中方代表在会谈中出示钱学森的亲笔信，终使钱学森得以归国。

钱学森写给陈叔通先生的信，通常被说成写在“香烟纸”上，这是一种流传甚广的传说。有的还说成写在香烟壳上——那些作者想象软禁中的钱学森大约没有信纸。钱永刚说，那封信的原件现在作为珍贵文件保存着，只要看一看原件，就知道这种传说并无根据。

钱学森怎么会想起给陈叔通写信的呢？有一个生动的“故事”说，钱学森有一回打电话向一家中餐馆订餐，餐馆派人送来之后，钱学森在食品盒底部发现有一张中文的画报垫底，拿起来一看竟是毛泽东和陈叔通在天安门城楼上的合影。陈叔通是钱学森父亲钱均夫的老朋友，于是钱学森赶紧给陈叔通写信。

其实，钱学森向来有每日读报的习惯。1955年5月，钱学森在一张华人报纸上，看到了毛泽东在北京天安门广场主持庆祝五一劳动节典礼的报道。在长长的观礼者的名单中，有一个熟悉的名字闯进钱学森的眼帘——陈叔通。

接着，钱学森又陆续从报纸上读到中美两国谈判双方侨民归国的问题，特别是美国报纸宣称“中国学生愿意回国者皆已放回”，于是决定给陈叔通写信，报告自己被美国拘留、有国难归的困境，请求中国政府给予帮助。

细节决定成败。作为导弹专家的钱学森，尤其懂得在发射的时候，每一根导线、每一个焊点、每一个元件，都必须绝对可靠。

"差之毫厘，谬以千里"，任何细节都不允许疏忽。为了把这封极其重要的信准确"发射"到陈叔通手中，钱学森经过了精心的考虑。

1955年6月15日，钱学森在家中事先写好给陈叔通的信。他当时并不知道陈的通讯地址，只能寄给在上海的父亲，请父亲代转。倘若从美国寄信给在上海的父亲，风险很大，因为联邦调查局非常注意拆检钱学森写给父亲的信。他把这封信写好之后，装在一个信封里，并在信封上写了上海家中的地址。然后把这封信夹在夫人蒋英寄给妹妹的信中，那就相对安全些。蒋英的妹妹蒋华当时侨居比利时。从美国寄往比利时的信，远没有寄往中国的信件那么容易引人注目。蒋英请妹妹收到这封信之后，从比利时转寄到上海钱学森父亲家中。

为了确保能够寄出这封信，钱学森连每一个细节都精心打理：他让蒋英用左手写，模仿儿童的笔迹，在信封上写了妹妹的地址，以使联邦调查局的特工认不出是蒋英的笔迹。

蒋华收到信件之后，立即转寄给在上海的钱学森父亲钱均夫。钱均夫马上寄给北京的老朋友陈叔通。陈当即转交周恩来总理。这一系列的转寄，都安全无误。

周恩来深知钱学森这封信的重要，令外交部火速把信转交给正在日内瓦进行中美大使级谈判的中方代表王炳南，并指示："这封信很有价值。这是一个铁证，美国当局至今仍在阻挠中国平民归国。你要在谈判中用这封信揭穿他们的谎言。"

顺便提一笔，《人民日报》海外版发表的报道《比利时华侨魏蒋华："掩护"钱学森回国的人》，称蒋华（她的丈夫姓魏）的三姐夫钱学森"写信给当时在比利时的四妹蒋华，请她设法让自己回归祖国。蒋华冒着生命危险，写信给在大陆的陈叔通，讲了钱学森的意愿与处境"。其实蒋华当时负责把钱学森的信转给在上海的钱父，并没有"冒着生命危险，写信给在大陆的陈叔通"。

还有一种传说：据钱学森夫人蒋英口述，钱学森写给陈叔通的

钱学森全家合影

信是“学生”写的。我看后很讶异，这样重要的信怎么会让“学生”写？何况从信件端端正正的笔迹一望而知是钱学森手笔。后来，查看一段中央电视台记者访问钱学森夫人蒋英的节目的录像，才弄明白：蒋英平常在家中总是称钱学森为“学森”。蒋英说，写给陈叔通的信是“学森”写的，录像节目的字幕却写成是“学生”写的！于是，以讹传讹，变成信是“学生”写的了。

离谱的细节

在刻画人物形象时，细节极为重要。细节真实，才能使人物形象真实。“假故事”往往损伤人物形象。

我注意到，种种离谱的细节描写，完全背离了钱学森的形象。比如，一本书中《初回故里》一节描述钱学森1947年从美国回到上海的情形：

飞机降落在上海龙华机场。钱学森走下舷梯时，天阴沉沉的，下着蒙蒙细雨。他的好友范绪箕从杭州专程赶来迎接他……路面上到处是垃圾秽物，肮脏的角落里倒卧着奄奄一息的乞丐……范绪箕还告诉他："现在物价飞涨。国民党发行的金圆券和法币，像废纸一样不值钱。一口袋票子，买不到半口袋面粉。"这时，一辆敞篷汽车从他们身边驶过。车上乘坐着两位全身美式军服的国民党军官，一个浓妆艳抹的女人挤坐其间，边走边打情骂俏……

钱学森厌恶地吐了一口唾沫，气愤得脸都白了。

钱学森从来没有"厌恶地吐了一口唾沫"之类的动作。钱学森出身"华丽家族"，受过高等教育，言谈举止非常文雅，哪有"吐了一口唾沫"之类的习惯？据炊事员回忆，即便是在大热天，钱学森在家中餐厅吃饭时，总是穿得整整齐齐，绝对不会穿背心、短裤出现在炊事员面前，以示对炊事员的尊重。

钱学森之子钱永刚教授说："曾有一些文学作品甚至新闻报道中，写及钱学森为了工作，一边抽烟，一边苦思冥想。我想澄清一下，钱学森不抽烟，也不喝酒，这是他一生的坚持。"

我在访问钱学森秘书涂元季少将时，说起1956年2月回国不久的钱学森第一次与毛泽东见面的一帧合影，是在一起出席晚宴的场合。这张照片，引出了涂秘书的一段话，他说，有人曾经在文章中这么讲起这帧照片的来历：毛主席宴请钱学森，而钱学森来晚了，一见面就连声向毛主席道歉，因为他工作实在太忙。

涂秘书说，这简直是胡说八道，钱学森向来守时，凡是出席会议，总要提前几分钟到达，从不迟到，更何况是毛主席宴请，钱学森怎么可能迟到！

其实，这张照片是在钱学森回国后三个多月拍摄的。那是在1956年2月1日，毛泽东宴请全国政协委员。钱学森收到了大会的请柬，上面写着他的席位在第37桌。到了宴会厅，钱学森在第37

桌却找不到自己的名字牌。这时，工作人员领着他来到第一桌，在紧挨毛泽东座位的右面——第一贵宾的位置，写着钱学森的大名。这是怎么回事呢？后来才知道，毛泽东在审看宴会来宾名单时，用红铅笔把钱学森的名字从第37桌勾到了第一桌。那张照片，就是在宴会上拍摄的。钱学森回国才3个多月，就被毛泽东如此看重，表明新中国的领袖深知钱学森的不凡。半个月后，钱学森就向国务院郑重递交了《建立我国国防工业意见书》，最先为我国火箭技术的发展提出了关键性的实施方案。

此外，一本书中描写钱学森出生是“双脚先落地。人们说这就叫‘踏莲而降’，将来能成大器”。且不说钱学森之子从未听父亲说及这样的事情，而且“双脚先落地”乃是难产，怎么可以说是“踏莲而降”？

写钱学森1935年赴美国留学时，“黄浦江码头，汽笛长鸣。钱学森之父钱均夫从衣袋掏出一张纸条，塞到儿子手里，说：‘这是父亲送给你的礼物。’”钱学森上船之后，打开纸条，上书：“人，生当有品：如哲、如仁、如义、如智、如忠、如悌、如教！吾儿此次西行，非其夙志，当青春然而归，灿烂然而返！”

从上海去美国怎么会是“西行”？何况那所谓的父亲的纸条本身就是编造的假故事。

又如，钱学森1947年从美国归来探亲，母亲已经过世。“父亲又慢慢地从枕下摸出了一页泛黄的小纸片，递到钱学森手里。钱学森打开小纸片，一眼就认出了母亲那娟秀的手迹，只见上面写道：‘窗外细雨飞，老妇命垂危。夫君煎药苦，盼子子不归。’”

这又是一个假故事，钱学森母亲的那首诗是作者编的。钱永刚教授说，从未听父亲说起，爷爷曾有那样的纸条，奶奶写过那样的诗。

这么多掺假的故事，需要认认真真进行考证、核对、辨伪，才能弄清楚。我真担心，再过若干年，假的变真，贻害无穷。

钱学森如此，其他许许多多名人传记中的假故事想必也很普遍。

真实是传记、报道的生命线。不要再为名人们造假、掺假了。

老圃秋容淡

——实话实说的容庚

黄天骥

每逢新学年开始，我往往会想起当年拜访容庚教授的情景。

容庚像

古文字学家容庚的大名，我们在中学时代就听过了。容老住在一幢两层的小洋房里，四围竹影婆娑，榕阴笼罩。整个房子的墙壁上全是一架架的书。容老领着我们楼上楼下参观。他的书房，虽然名为“五千卷金石书室”，但所藏有关金石、文字、碑帖等典籍早已逾万册。我们从来未见过这样多的古籍，又惊又喜。不一会儿，容师母捧出一盘荔枝，让我们品尝。容老看到我们拘谨，便笑着说：“后生仔，不必害羞，你们是大学生了，我却没有上过大学。”他似乎觉察我们有些疑惑，还特地补充：“我说的是实话。”

后来，我们才了解到，容老确实没有经历过大学的本科阶段。他从小跟着舅父邓尔雅先生读书，学习金石之学。28岁时到北京，拿着《金文编》的书稿，去见古文字学家罗振玉。罗先生非常赞赏，举荐他到北京大学当研究生，随即在北大任教。抗战胜利后，才回到广东。

实话实说，是容老性格一大特点。我们问他，为什么他能辨认出那么多的天书一样的古文字？他随口回答："靠猜。"我们不禁愕然。那时，学术界都在批判胡适"大胆假设，小心求证"的治学方法，我们以为容老是在开玩笑哩！谁知他一本正经地解释："我对着这些字，比较来比较去，印证一番，就猜中了。"容老不是理论家，不说大套道理，他所说的"猜"，是以深厚的学识为基础的，必须掌握充分的材料，经过缜密论证，才能解开那些千古之谜。容老一生，出版过《金文编》、《商周彝器通考》等27种皇皇巨著，发表过50多篇论文、述作。他治学以事实为依据，严谨的学风一直为士林称道。而在破译古文字的过程中，当然离不开推理、假设。容老把一连串复杂思考、印证、研究等过程概括为一个"猜"字，这只是直觉过程的感受，希望消除同学们对学习古文字的畏难情绪。不过，就是这一个"猜"字，犯了时忌。有人便说容老向青年灌输唯心主义思想，为胡适招魂；有人还揭发他，说他在古文字学的研究中，从来不讲马列主义。容老争辩说："古文字里找不到马列主义，我不懂，也不会讲，就是猜猜猜！"两下里一顶牛，大小批判会接踵而至。其实，容老所谓"猜"，是他在科研中实事求是，一切从材料出发，这本身就是唯物主义的态度，符合马列主义的精神。可是，那时正需要找寻批判"资产阶级治学方法"的靶子，有人便不分青红皂白，乘机大做文章了。

容老很节俭，据容璞女士回忆："他每月一半工资给母亲当做家用；一半用作购买书籍、收藏铜器及字画。"当然，容老也会把一些经过研究或收藏价值不大的器物卖出，然后购回更为珍贵的古董。他从来没有自诩俭朴，说到转卖后的再买，还乐呵呵地引用了《礼记·大学》的一句话："这叫做'生财有大道'呀！"

这句实话，又犯了大忌。在那时鼓吹发财，这还了得！加上他常常鼓励学生自学成才，又被看成是煽动青年“走捷径”。一时间，“生财有大道，成名有捷径”，便成了容老用资产阶级思想毒害青年的罪状。

容老研究文物，热爱自己的国家。七七卢沟桥事变后，他办了一份名为《火炬》的小报，呼吁抗日，还被推举为燕京大学教职员抗日委员会主席。他告诉我们，当初之所以立志研究古文字，是要和日本人一较高低。一些日本学者，仗着军国主义的势头，口出狂言，声称甲骨文由“中国出土，日本研究”。容老认为这是对中国人的侮辱，他发奋著书，是要为炎黄子孙争气。在《秦汉金文录》的序言中，容老写道：“今者岛夷肆虐，再入国门，余不能执干戈，卫社稷，有负祖若父之期许。‘国耻未雪，何由成名’，诵李白《浊漉篇》，不知涕之何从也。‘雄刃挂壁，时时龙鸣’，余宁将扶毛锥以终老耶！”报国之情，溢于言表。1933年，他在《颂斋吉金图录》的序文中又说：“私念商周彝器，非寒士所敢望。然环顾宇内，干戈扰攘，发掘墟墓，所出日多，政府莫能禁，有博物馆出面购求者乎？无有也！此种种不流海外，将安所归？抱残守缺，亦余责也。”这说明了他竭力搜求文物的原因：他节衣缩食，苦心孤诣，正是为了不使珍品外流，保存民族的瑰宝。

新中国建立以后，容老满腔热情，一心一意报效社会主义祖国。他奉命专程赴港，劝说一位著名学者不要在国际讲坛上攻击祖国，不要做损害民族尊严和妨碍统一的事。直至50年代末，常常挨批的容老，对党依然满怀期待。在一次会议上，他和彼此有过误解的王起教授，互相握手，互相鼓励。两位学者还打赌：“看谁先加入共产党。”那时我在系里当助教，觉得他们天真得好笑，心想，怎么入党也可以比赛！不过，的确感到两位老师追求进步的可敬。

从1959年到60年代的头几年，我国经济极端困难，政治运动不断，一会儿“拔白旗”，一会儿“交心”，一会儿“整风”，又频频组织师生停课下乡下厂。容老对许多政策和社会问题都想不通。

惯于实话实说的他，自然有时会亮出自己的想法，于是一次又一次地遭受批判。在“十手所指”的情况下，他也怀疑过自己是否真的跟不上时代，因此自称：“我是野马，我是鬼锁。”谁知这话又引来一轮“棍子”，有人说他有和党对抗的情绪。容老以“野马”、“鬼锁”自喻，无非表白自己脾性倔犟，思想疙瘩很难打开。他不满老是把他当做靶子，却又希望有人能开启他。岂料当时不仅得不到理解，还将批判会开到师生劳动的东莞虎门田头上。有一天，批判会后，不见了容老，大家着了忙，四出寻找，最后发现他躺在山里的荒坟上，几经劝说，才肯起来，从他的神情看得出当时他内心的痛楚。

“文化大革命”一开始，容老便被视为“反动学术权威”，批判他的大字报铺天盖地。容老很苦恼，曾有自杀的念头。幸而那时省委统战部长肖隽英同志找他细谈，劝他放开怀抱，相信真理总归胜利。老朋友出自肺腑之言，竟把“鬼锁”打开了。容老答应肖部长，不管风吹浪打，都要生活下去，完成未竟的研究工作。后来，肖部长在运动中未能幸免，也被“揪”出，而容老则坚守承诺，硬是挺了过来。

运动开展不久，容师母被作为“漏网地主”押送回乡，年近八旬的容老，一个人在家。他每天拿着饭盒到饭堂买饭。他的几部整理研究碑帖的著述，就是在这种极端困难的环境中完成的。

“文化大革命”期间，情势凶险，容老却依然故我，想到什么便说什么。1974年夏天，“评法批儒”运动席卷全国。有人强迫容老站出来“批孔”，他坚决不肯，声明“再强迫我批孔，我就去跳珠江！”可见他正直不阿的品格。

有一次批判会，是要揭发容老盗卖国家文物，消除群众认为他爱国的印象。批斗者一个接着一个发言，火力越来越猛。主持者看准时机，大喝一声：“容庚里通外国，打倒容庚！”

容老莫名其妙，立刻反驳：“没有。”

“怎么没有，你把一件贵重的商代铜器，卖给了美国人。”

此时，有人为容老提心吊胆。主持者以为胜券在握，命令容老“必须坦白交代”。

容老摇头说：“就是没有！”

主持者胸有成竹：“我们掌握了充分证据，你死不认罪，死路一条！”

容老还是一句话：“没有。”主持者大怒，拍案而起，冷冷地说：“你这是不见棺材不落泪。”然后把手向人丛一招：“人证出来！”

这时候，会场上鸦雀无声，只见容老的一位同事站了起来，说：“容庚，怎么没有！你把贵重文物××鼎，卖给了美国人×××，时间是×年×月。当时，我在场，亲眼见到。”这一来，会场“炸”了，把祖国文物卖给外国人，这非同小可。“打倒容庚！”“坦白从宽，抗拒从严！”的口号声此起彼伏，批斗气氛达到高潮。主持者居高临下地追问：“容庚，有没有这件事？”

容老稍稍想了一想，镇定地回答：“有！”

大家屏住气息，等他交代。

谁知道，容老只说：“这个鼎是假的，我是把它卖给了美国人了。”

此语一出，群众哄堂大笑。那同事立刻蔫了。只见会场一片混乱，“革命群众”有笑的，有骂的，有摇头的。主持者十分尴尬，只好宣布散会。

在“文化大革命”10年中，容老一直默默地忍受，内心很不平静。大概在1975年，系里分给每户教工两斤“剥皮牛”。

容老家里又没有别的人，只好自己动手。好不容易才将一条一条的鱼，一点一点地剥掉了皮，学着放在锅里去煎。准知煎着煎着，鱼都煎煳了，变成了一块块焦炭。这一回，容老委实伤心，想到了晚景的凄凉和无奈，蓦然又涌出了轻生的念头……幸而许多人从心底里同情和尊敬容老，赶紧给他开解。大家还把自己那一份

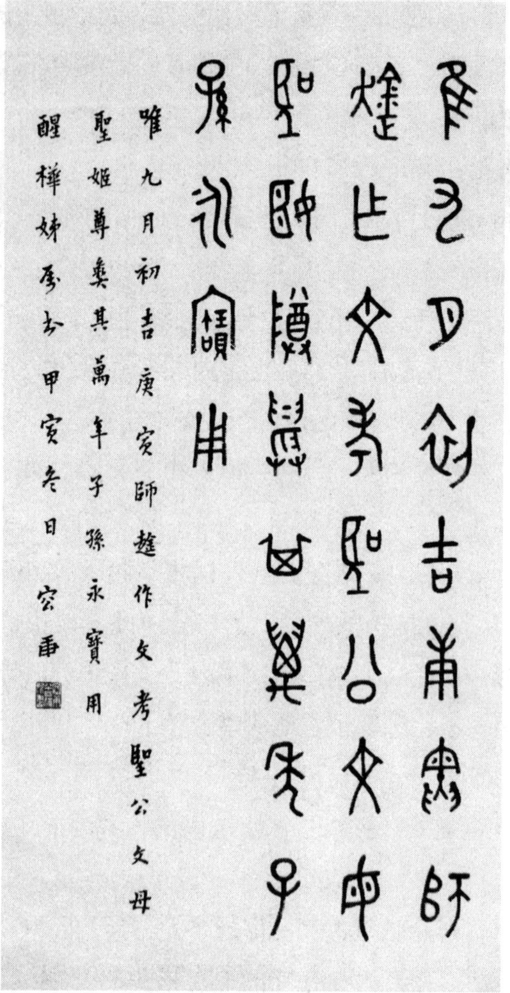

容庚书法

鱼，匀给他一些，帮他煎好，他激动的情绪才慢慢平复了下来。

打倒“四人帮”以后，容师母回到校园，容老的生活渐趋正常，又可以专心致志地从事教学和研究了。他和商承祚教授一起指导研究生。那时，他已80多岁，还诲人不倦，经常到研究生宿舍看望弟子。容老每来一次，同学们就在墙上记上一画，5次即积成“正”字。

随着时间的推移，人们对容老的人格、学问，越来越称颂，报刊上也越来越多地登载介绍他的文章。他淡淡地说：“有什么好写的！过去，你们说得我那么坏，其实，我并不那么坏；现在，你们说得我那么好，其实，我并不那么好。”话说得很平实，却像警钟一样，发人深省！容老以平常心对待所经历的一切，实事求是，不掩恶，不虚美。容老的可敬，正在于他无论在什么时候，都保持纯真求实的本色。他一生爱穿一身素白的唐装，皎洁的颜色，正好映照出这位中国知识分子的冰雪胸怀。

80年代初，容老把一辈子珍藏的古铜器以及1000多件古字画、1万多卷书籍，分批捐赠给广州博物馆、美术馆及中山大学图书馆。容璞女士说：“当这些陪伴了他几十年，用他心血换来的书籍、字画搬走以后，他面对着四壁空空的房子，一连几夜不能成眠。他深情地对母亲说，这些书和字画都是我一件一件买回来的呵！”是的，这些已经成为容老生命的一部分，实在难以割舍。据说在他弥留之际，还常常发出叮嘱家属挂晾字画的呓语，可见这些文物在他心中的分量。然而，国家为重，学术为重，为了不让国宝流失，为了让更多的后人能据以研究，容老尽管对这些珍品无比依恋，还是毅然奉献给国家。容璞女士把她父亲的思想作了全面介绍，使我们更清楚地看到，容老是一个真诚的人，是一个品格高尚、热爱祖国的卓越学者。

“老圃秋容淡，黄花晚节香”，在学术的场圃中，容老是勤恳耕耘的园丁。他自奉清淡，古道热肠，光明磊落。讲实话，是他的本性。在校园里，认识容老的许多人一直衷心尊敬这位实话实说的老人。

不该如此寂寞的胡先骕

贺 伟

人心未全斫丧，这大概就是几千年的中华文明不至于隳坠的缘故吧！

走进中国科学院庐山植物园的大门，可见道旁耸立着两排被誉为“活化石”的水杉，青葱，却又寂寞，唯有静躺在植物园中的“水杉之父”胡先骕与之相伴。“胡先骕”这个名字，如今很多人已感到陌生，然而在20世纪50年代，他曾被毛泽东尊称为“中国生物学界的老祖宗”。

哈佛博士创办庐山植物园

胡先骕1894年生于江西新建县。7岁时识字万余，且通训诂，辨四声，被家乡人誉为“神童”。1912年秋参加江西省留学选拔考试，被录取为官费西洋留学生，次年赴美国加州柏克莱大学农学院森林系攻读森林植物学。1915年，与留美诸同学在纽约成立“中国科学社”，这是中国最早的科学机构（于1918年迁回国内）。22岁时获农学学士学位，随即回国，受聘江西省庐山森林局副局长。

中国享有“植物大国”的盛誉，但对植物的研究缺乏重视。时至近代，连一座供栽培和研究的植物园都没有。22岁的胡先骕决心开拓中国自己的植物事业，他说：“以植物与人生关系之密切，举凡一草一木，没有不可利用的。植物的富源，当更富于金矿，因为世界上金矿有开发完尽的一天。”近百年后的今天，在各级政府痛定思痛，强力推行退耕还林、退牧还草，将环境保护定为须臾不可懈怠的国策之时，重温先哲的谆谆告诫，不能不令人感慨。

胡先骕父子合影

然而，当年的胡先骕空有一腔英雄热血，却无用武之地。积贫积弱、屡受外国列强欺凌的中国，根本不可能解决开拓植物事业的基本经费，连年军阀混战、政权更迭，更使政府要员将开拓植物事业视同儿戏。胡先骕不得不于1918年秋受聘为南京高等师范学校教授，抱憾离开庐山。但他并未放弃梦想，于1923年秋再次赴美入哈佛大学深造，终获博士学位。

1932年，胡先骕亲赴南昌，与江西农学院协商，由静生生物调查所与江西农学院合办庐山植物园，得到农学院和江西省政府的大力支持。庐山植物园终于在1934正式创建。胡先骕还领衔为庐山植物园发起大规模的募集基金活动，林森、蒋介石、蔡元培、张人杰、黄郛、孔祥熙、王世杰、吴鼎昌、王正廷等均列入发起人名单。

轰动国际科学界的“水杉之父”

1941年冬，中央大学森林系教授干铎在四川万县（现属湖北利川县）发现一棵极为茁壮挺拔的树木，却一时难以判断属哪一类松柏植物。他将标本送给胡先骕过目，引起胡的关注。经过几年精心研究，胡先骕终于确定：这就是普遍认为已在世界绝迹的珍稀植物水杉。“活化石”的发现轰动了国际科学界，被誉为近代世界自然历史研究三大发现之一。

胡先骕由此被称为“水杉之父”，他自己也甚感自豪，很想用古体诗词表达自己对水杉的喜爱和倚重。直到十几年后的1961年，他完成了古体长诗《水杉歌》，并满怀信心地将长诗寄给某权威文学刊物，未料竟遭退稿。他极不服气，将诗稿寄给诗友陈毅副总理。陈毅读后，拍案称好，写下读后记：“胡老此诗，介绍中国科学上的新发现，证明中国科学一定能够自立且有首创精神，并不需俯仰随人……此诗富典实，美歌咏。”陈毅将《水杉歌》和自己写的《读后记》一并转给《人民日报》，《人民日报》于1962年2月17日全文刊出《水杉歌》和《读后记》。

一首诗的刊用与否，对胡先骕的影响不大，但从此事可看出他的倔犟、自负。这也许是那一代有同等经历的知识分子的特征。他们深受发达国家科学、民主、自由的熏陶，对敝国根深蒂固的“唯上”、“唯书”、不敢越雷池半步的传统极为厌恶，不但加以抨击，且以行动表示反对。这就使与胡先骕相似的一批知识分子，在人生的旅途中频遭磨难。

1940年，江西省战时政府在偏远的赣南山区泰和县组建中正大学，经江西省政府主席熊式辉和赣州专员蒋经国的多次邀请，胡先骕出任校长。他第一天上任便对学生说：“我是国际国内都有名的科学家，我的名字早已在历史上注定了！诸生今天能够听到我的演讲，这是你们莫大的荣幸。”当有学生问胡校长对抗日的看法时，胡先骕说：“日本人没什么了不起，日本现在的天皇是我在哈佛留学的同班同学，他的成绩远不如我，我从来没正眼看过他。只要我们中国人能团结一心，就一定能够打败日本人！”

某日胡先骕去听文法学院院长马博广的学术报告，极不满意，竟当众毫不留情地说："想不到马院长不学无术，以至于此！"弄得院长大人灰溜溜的，最后只好走人。他对不学无术的人冷嘲热讽，对莘莘学子却爱护备至。一次学校有50多名学生患疟疾，因战时药品匮乏，竟有一半不幸病亡。在公祭仪式上，胡先骕失声痛哭，深为自己的无能而自责。

他敢不买蒋氏父子的账

1942年西南联合大学掀起"倒孔"（祥熙）学潮，中正大学学生声援支持。蒋介石不满，要求严惩领头学生。胡先骕认为学生并无大错，顶住教育部和省政府的压力，坚决不处理学生。国民党为控制高校，要求各大学担任一定行政职务的教授都要加入国民党，胡先骕愤然说："哪有强迫加入党派的道理，我就不入，看谁能把我怎么样！"

1943年，蒋经国要求中正大学的学生集体加入由他主持的三青团，胡先骕坚决不同意，说学生要以求学为主，将来成为修复战争创伤、建设国家的栋梁之材，不应卷入政治党派之中。蒋经国无可奈何，只好告诉父亲。早就对胡先骕不满的蒋介石责令教育部和江西省政府处理。胡先骕坚持己见，最后愤然辞职。在蒋氏父子的高压下，他始终没有屈服。

1948年夏，来到庐山的蒋介石听说胡先骕也在庐山，便请江西省主席王陵基约胡来他的官邸商谈"国事"，王陵基随即通知胡先骕。到了约定时间，左等右等不见胡先骕前来，王陵基赶紧派人去请，却扑了个空。原来胡早已对国民党的政策大失所望，认为没有什么好谈的，干脆提前下山，扬长而去。

1948年底，国内战争已快见分晓，许多知识分子对时局感到困惑、迷茫，对个人安危和前途深感忧虑。此时，在北平复任静生调查所所长的胡先骕却积极参与组建社会党，并亲自起草社会党的政

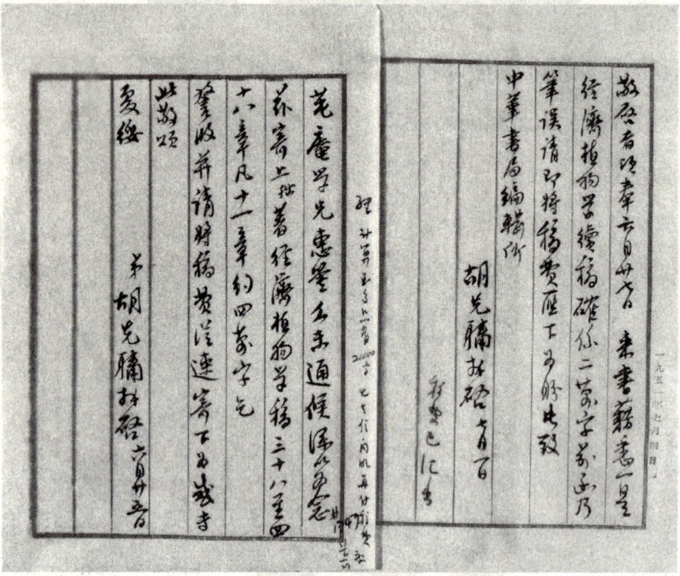

胡先骕书札

治纲领《中国的出路》，其中有这样的话："第一，如果我们不参与政治，别人将要把与我们的意志和良心相反的制度，强加到我们以及我们的子孙身上；第二，人类的进步理想，不仅是经济生活的安全，更需要心灵的平安与知识的自由……第四，我们应当以宪政的方式，加紧步骤，实现政治民主与经济平等。"胡先骕的这些观点包含了一代知识分子对中国前途的深切期望。

1949年国民党派专机"抢运"北平的著名学者南下。面对软硬兼施，胡先骕没有走，他留下来，见证了新中国的诞生。

毛泽东："他是中国生物学界的老祖宗"

新中国成立后，以原北平静生生物调查所和北平研究院植物研究所为基础组建了中国科学院植物分类研究所（后改为植物研究所）。时年55岁的原中央研究院院士胡先骕只被聘为一般研究人员，但他并无怨言，将全部精力投入到植物分类学的研究上，很快发表了《被子植物分类的一个多元系统》，顿时轰动世界。美国密苏里植物园朱光华博士在2004年胡先骕诞辰110周年纪念会上说：“西方人把林奈作为植物学之父，胡先骕则当之无愧是中国植物分类学之父……胡先骕博士为中国人争得了荣誉。”

1951年年底之后，胡先骕的平静生活被打破了。当初毅然留在大陆的他成了所里重点“帮助”、“洗脑”的旧知识分子的代表人物。虽然他对自身的弱点可以“自我批判”，甚至“扣大帽子”说，“我有自高自大的个人英雄主义，我的各项成就使我有‘赢得生前身后名’之感。我看不起群众，一切唯我独尊，有浓厚的宗派主义”，但是，在科学真理的大是大非面前，他决不让步，决不改变和放弃自己认为正确的观点。1953年，我国各行各业都在向“苏联老大哥”看齐，在胡先骕写作的《植物分类学简编》一书中，却对当时极为走红的苏联农科院院长李森科的主要学术观点进行了严厉地批判，指出其不符合现代遗传学实际，是反达尔文进化学说的“伪科学”。他还指出李森科是依靠“政治力量”来支持、推行其“伪科学”、“反科学”的理论，违背人类追求真理的原则性和公正性。《植物分类学简编》出版后，在华的苏联专家提出“严重抗议”，说“这是对苏联在政治上的诬蔑”，国内一些专家也对胡先骕的观点提出质疑和批判。这本书很快由学术问题上升为政治问题，出版不久便被禁止销售。有关方面要胡先骕作重大修改方可解禁，但他坚决不改，纵然被扣上政治大帽子也毫不动摇。

历史很快就证明，胡先骕对李森科的批判是完全正确的，苏联自己已开始对李森科进行批判和清算。中共党史出版社1999年出版的《陆定一传》中，记载了1956年4月27日陆定一在中央政治局扩大会议上与毛泽东说到胡先骕的事。陆定一说，胡先骕批评苏联科学家李森科的观点，看来还是对的。毛泽东问，胡先骕是中科院学部委员（现称院士）吗？陆定一回答：“不是，没有给。”毛泽东说：“恐怕还是要给，他是中国生物学界的老祖宗。”

然而，在1957年增补学部委员的名单中，还是没有胡先骕。在定职称时，他的很多学生被定为一级研究员，而这个“中国生物学界的老祖宗”只被评为三级研究员。

胡先骕立于水杉树前

胡先骕的率真和执拗令一些人感到不舒服。在很长一段时间内，他的学术论文难以发表，专著难以问世，他的名字渐渐被植物学界、科学界乃至整个社会所疏远、漠视甚至遗忘。“文化大革命”中胡先骕受到极大迫害、摧残，全家被迫从300多平方米的楼房搬到10平方米的陋室栖身。他不痛惜那些被弃的家具，但几十年苦心积累的大量珍贵书籍、资料尤其是很多浸透心血的极有价值的科研手稿，也被“红卫兵”和职工满院丢弃，任人践踏，胡先骕心痛如绞。他实在不明白，五千年文明的泱泱古国，怎么会发生这样的事情！极大的困惑、焦虑、悲愤摧残了胡先骕的身体，他于1968年7月16日猝死于北京，享年74岁。

1984年7月10日，胡先骕终于回到了魂牵梦绕的庐山。由他亲手引种、培植的水杉，静静地注视着他，与他朝夕相伴。2003年6月16日，国学大师陈寅恪辞世34年后，也偕老妻来庐山植物园安了家，与胡先骕墓茔近在咫尺。酷爱中国古体诗词的胡先骕平添良师益友，九泉之下的他，应该颇感欣慰吧。

光阴似箭，往事并不都如云烟。

冰心诤言　一片冰心

邵燕祥

晚年冰心像

冰心离开我们已有11年了，但什么时候想起她，都好像就在我们身边。不仅仅是作为文学家而存在，仿佛她就是我们的母亲，我们的祖母。

其实我们最早读到的冰心作品，往往也是她最早的作品：散文诗《繁星》、《春水》，还是她在北京读贝满女中时所作（有名的通讯体散文《寄小读者》则是不久后去美国留学时的作品了），就在那时她参加了1919年的五四运动，还即时写了有关的新闻报道。五四运动，无论是作为提倡“科学与民主”的新文化运动，还是作为外交抗议的爱国政治运动，冰心都无愧为站在第一线的参与者。热爱祖国，期望祖国成为民主与科学之邦，这是贯穿她一生的心志。几十年后，她说：“学生爱国，我爱学生！”也正是从她慈爱的心底发出的正直声音。

冰心的爱国是无须证明的；她作为中国共产党的朋友乃至诤友，也是无须证明的——如果要找证明人的话，周恩来可以第一个出来作证。1949年，中共在夺取了全国政权，建立中华人民共和国时，冰心正和丈夫吴文藻一起滞留东京。他们毫不犹疑地作出了返回祖国大陆的选择，回国后，是周恩来周到地安排了他们的工作。

冰心写作照

记得当时有一位同为民主人士的老诗人，抗战期间也在大后方，曾对冰心所受的礼遇啧有烦言，大意是说，冰心在重庆时还与宋美龄常有交往，连发型都是“仿宋”的。不知者不怪，他不知道冰心是受周恩来也就是共产党的委托，在山城陪都那样复杂的形势下，冒着“深入虎穴”的政治风险呢。在几乎是不可抗拒的反右派斗争中，吴文藻先生被划为“右派”，周恩来无力保护，却还是对他们夫妇亲切劝慰。

反右派斗争，使原先的民主党派、民主人士遭受严重打击，几乎全军覆没，冰心的众多熟人、朋友纷纷沦为异类。然后又是“文革”，冰心以古稀之年，被发配到所谓干校去以体力劳动赎罪。而到了20世纪80年代，各民主党派恢复活动后，已不复当年的气概。因此冰心在听到重又强调“肝胆相照，荣辱与共”、“长期共存，互相监督”的说法时，不胜感慨地说：“一个没有肝，一个没有胆，怎么互相监督？”这是语重心长的话，这才是真正肝胆照人之言。我劝以“怪话”视之的同志先生们好生想一想，这简单的一句话里，蕴涵着多少深厚的历史内容，多少深刻的经验教训！

冰心老人的性格是温柔敦厚的类型，与她接触得多的朋友，都有如沐春风之感。但这不排除老人有时也会出语凌厉。比如面对日益严重的腐败、特权等现象，冰心曾对在座的中共党员说：“你们中国共产党是不是也该有一个‘革命委员会’呀？”这里说的不是“文革”中作为各级政权机构的“革（命）委（员）会”，而是民主党派之一的“中国国民党革命委员会”的那个“革命委员会”。她这是一句玩笑话，又不仅是一句玩笑话，这是以玩笑话形式说出的一句诤言，是共产党的诤友才说得出的肺腑之言。推其本意，不过是说党必须面对自己的痈疽，痛下针砭，该吃药的吃药，该开刀的开刀，只有经过自身的改革，才能保持真正的改革的领导权，才能真正把改革进行到底。

冰心与丈夫吴文藻合影

如果不是寄望之深，说得不会如此痛切。冰心讲这句话有十多年了，情况究竟比那时好了呢，还是有些弊病甚至已成痼疾？这是我们要好好扪心自问的。

十七届四中全会提出“常怀忧党之心，恪尽兴党之责”，是对中共党员的要求。已故的冰心老人不是党员，却早已先党之忧而忧，先一般党员和许多党员干部之忧而忧，这是她为国为民势所必至的思路。

就我所闻，把冰心老人一片冰心的诤言公诸读者，作为对老人110岁诞辰的纪念。